Papus

Das Tarot der Weissagung

Der Schlüssel zu
verschollenen Legesystemen
und Deutungsmethoden

Gekürzte Fassung der französischen Originalausgabe:
Le Tarot divinatoire

1. Auflage 1990

© der deutschen Übersetzung
Edition Tramontane, Bad Münstereifel

Alle Rechte der deutschen Ausgabe vorbehalten

Printed in Germany

ISBN 3-925828-17-6

Das Tarot der Weissagung

Vorbemerkung

Papus (das ist Dr. Gérard Encausse, 1865-1916) galt um die Jahrhundertwende in Frankreich als Pionier und einer der wichtigsten Vertreter der sog. »Geheimwissenschaften«. Eigentlich war er Arzt, doch wurde er schon früh von Themen des Okkultismus, der Magie und Kabbala angezogen, wobei er das Studium des Tarot für besonders lohnenswert hielt. Sein »Tarot der Zigeuner« *(Le Tarot des Bohémiens)*, das 1889 veröffentlicht wurde, gehört zu seinen bekanntesten Werken. Ein Abriß des Tarot als Wahrsagekunst und Mittel zur Zukunftsdeutung war darin als eigenes Kapitel in sieben Lektionen enthalten. Als selbständiges Buch ist das vorliegende »Tarot der Weissagung« *(Le Tarot divinatoire)* erstmals 1909 erschienen. Es wandte sich in der damaligen Zeit vor allem an die Kartenlegerinnen, wofür Papus selbst die folgende Erklärung fand:

> *Die Intuition spielt die größte Rolle, wenn die strenge Methode verschwindet; darin liegt der Grund, daß die weibliche, im wesentlichen intuitive Natur für die Wahrsagekunst sehr befähigt ist.*

Für die intuitive Natur ist die Zukunft, die nach dem Tarot (und allen alten Weisheitslehren) aus Vergangenheit und Gegenwart hervorgeht, in ihren Tendenzen leichter »erkennbar«. Damit ist dieses Buch ein praktischer Begleiter für den Gebrauch des Tarot als konkretes Orakelspiel. Die sehr genauen Deutungen und Variationsreihen sollen die Gesetzmäßigkeiten des Zufalls aufzeigen und sind vor allem als Einstieg für den Anfänger oder wenig Geübten gedacht, der noch lernen muß, seiner eigenen Intuition und Phantasie zu vertrauen. Papus hat hier das »Tarot des Gauklers« beschreiben wollen, das gleichzeitig unterhält und belehrt und zu einem kreativen Umgang mit dem »königlichen Spiel des Lebens« anleitet.

Die Darstellungen der 22 großen Arkana sind umgesetzt worden von Gabriel Goulinat und beruhen auf Erklärungen und Deutungsvorschlägen, die von Eliphas Lévi (1810-1875), dem geistigen Vater von Papus, entwickelt wurden. Die Originalausgabe des *Tarot divinatoire* enthielt ferner die 56 kleinen Arkana nach der Konzeption von Etteilla (1750-1810). Das »Volk« scheint übrigens in Etteilla den echten, intuitiv vorgehenden Tarot-Kenner erraten zu haben, denn die Pariser Wahrsagerinnen benutzen noch heute weitgehend die Karten des Etteilla-Tarot.

Die folgenden Deutungen und Legesysteme lassen sich auf alle Tarot-Decks übertragen, wobei für Abweichungen in der Bezeichnung und Numerierung, wie sie bei Etteilla auftreten, im Text die jeweiligen Entsprechungen angegeben sind. Ein etwas modernisiertes Papus-Tarot sowie auch ein Etteilla-Tarot sind beide im Handel erhältlich:

1) *Papus Tarot Deck*
   With instructions by Stuart Kaplan
   (U. S. Games Systems, New York)

2) *Grand Etteilla ou Tarots Egyptiens*
   Mit deutscher Anleitung
   (Cartomancie Grimaud / France-Cartes, Paris)

Die auf dem Umschlag dargestellte Karte aus dem ursprünglichen Etteilla-Tarot, das As der Münzen (No. 77 bzw. 78), heißt auch »Die goldenen Sonne« und ist die beste Karte von allen. Sie ist nicht nur selbst eine ausgezeichnete Karte, sondern schwächt den negativen Einfluß anderer Karten ab, die neben ihr liegen, oder hebt ihn sogar auf.

Inhalt

Einführung
Das Tarot der Weissagung 9

Kapitel 1
DER AUFBAU DES TAROT 12
Allgemeiner Schlüssel des Tarot 14

Kapitel 2
DIE BEDEUTUNG DER GROSSEN ARKANA
FÜR DIE WEISSAGUNG 15

Kapitel 3
DAS AUSLEGEN UND DIE ANORDNUNG
DER TAROTKARTEN 17
Legemethoden beim Tarot 21
Schnelles Verfahren 21
Fortgeschritteneres Verfahren 23
Methoden der Orakelbefragung nach Bourgeat 25
Zigeunermethode nach einem katalanischen Zauberbuch 27
Originalmethode des Kartenlegens nach Etteilla 28

Kapitel 4
DAS ZUSAMMENTREFFEN VON ARKANA 34
Bedeutung von zwei nebeneinanderliegenden Karten
innerhalb der Gesamtheit des Spiels 35
Die partielle Deutung von 32 Karten 37
Karten zur linken Hand 41
Karten zur rechten Hand 42
Drei Könige 43
Drei Damen 48

Drei Buben	53
Drei Zehnen	57
Drei Neunen	61
Drei Achten	66
Drei Sieben	70
Drei Zweien	74
Drei Asse	78

Kapitel 5
DAS ZUSAMMENTREFFEN VON ARKANA UND ZAHLEN 84
   Die astrologisch-numerologische Tafel nach Papus 85

Kapitel 6
DIE DIVINATORISCHE BEDEUTUNG DER 78 TAROTKARTEN
   nach Etteilla und Odoucet 105

Kapitel 7
DAS BUCH DES HERMES
   Die Deutung der 22 großen Arkana nach Christian ... 141
   Zusammenfassung 188

Schlußbetrachtung
   Das Spiel des Gauklers 190

EINFÜHRUNG

Das Tarot der Weissagung

Die gegenwärtigen Sucher, die sich mit dem Geheimwissen beschäftigen, hegen eine gewisse Verachtung für die Wahrsagekunst. Dabei eröffnet das Studium der Temperamentstypen den Zugang zu äußerst wertvollen medizinischen Entdeckungen. Die Chiromantie vermittelt bemerkenswerte Einblicke in die Physiologie des großen Sympathikusnervs, von dessen Einfluß die Art und Weise der in die Haut geschriebenen Linien abhängt. Doch es gibt keine reichere Quelle für solche Forschungen wie die Beschäftigung mit den Tarotkarten.

Tarot, Thora, Rota, Athor: Dieses umfassende System aus Blättern und Zahlen gehört zweifellos zu den authentischsten Meisterwerken der altüberlieferten Initiation, und viele Sucher sind von seinem Studium angezogen worden.

Wir haben vor mehr als zwanzig Jahren durch einen glücklichen Zufall den Schlüssel zur Rekonstruktion des Tarot gefunden, auf den Guillaume Postel und Eliphas Lévi hingewiesen hatten, ohne den Aufbau jedoch wiederzugeben. Wir haben diese Rekonstruktion in einer Weise vorgenommen, daß sie einerseits vollständig mit dem Entwurf Postels übereinstimmt und außerdem auf die kleinen Arkana anzuwenden ist.

An dieser Stelle ist eine wichtige Bemerkung einzufügen. Die Mehrzahl der heutigen Autoren der Geheimwissenschaften, die sich mit dem Tarot beschäftigt haben, bekunden eine ausgeprägte Vorliebe für die Untersuchung der großen Arkana und eine nicht minder ausgeprägte Geringschätzung für Nachforschungen über die kleinen Arkana, aus denen unsere Kartenspiele hervorgegangen sind. Es gibt sogar eine ganze Reihe von falschen Deutungssystemen des Tarot, die einzig und allein auf den 22 großen Arkana beruhen, ohne die 56 kleinen Arkana zu berücksichtigen. Das ist natürlich albern, denn das Tarot ist ein wunderbares Ganzes, und das System, das sich auf den Körper anwenden läßt, muß sich auch auf den Kopf anwenden lassen, und umgekehrt.

Denken wir daher daran, daß die kleinen Arkana beim Studium des Tarot von allergrößter Wichtigkeit sind, ebenso wie die Häuser beim Studium der Astrologie eine entscheidende Rolle spielen.

In alter Zeit hat sich jede, in ein System gebrachte Befragung des Unsichtbaren tatsächlich aus zwei Teilen zusammengesetzt: aus einem feststehenden Teil, der im allgemeinen aus Zahlen oder Bild-/Schriftzeichen (häufig aus beiden) bestand, und aus einem beweglichen Teil, der ebenfalls aus Bild- und Zahlensymbolen bestand.

In der Astrologie wird der feststehende Teil durch den Tierkreis und die Häuser angezeigt, der bewegliche Teil durch die Planeten und ihre Aspekte. Jedem Abschnitt wurden Zahlen zugeordnet, und ihre Kombinationen durch Addition oder Subtraktion nach den Aspekten bildeten die Grundlage für jene »astrologische Onomantie« oder Wahrsagekunst aus Namen, die heutzutage fast völlig in Vergessenheit geraten ist.

Das volkstümliche Gänsespiel ist eine Adaption des Tarot, wobei der feststehende Teil aus Zahlen und Bild-/Schriftzeichen besteht, während die darüber rollenden beweglichen Zahlen von den Würfeln gebildet werden.

Im Tarot wird der feststehende Teil durch vier Serien von jeweils 14 kleinen Arkana angezeigt: vier Figuren, König, Dame, Ritter, Bube — die Verkörperung der »Großen« in den »Kleinen«; und zehn Zahlen für jede Farbe, die von As (1) bis 10 gehen.

Das Tarot eignet sich für eine Reihe von Anwendungsmöglichkeiten und erlaubt es, wie die Ars Magna des Raimundus Lullus, die auf ihm beruht, die größten philosophischen Probleme zu lösen. Doch dieser Aspekt soll uns hier nicht interessieren, denn das Tarot ermöglicht es auch, bestimmte Gesetze des Zufalls zu bestimmen und macht es damit für die Zwecke der Weissagung brauchbar. Man kann mit dem Tarot auch »die Karten legen«!

Doch welch ein Greuel muß das Studium des Kartenlegens für einen vorgeblich seriösen Schriftsteller sein! — Kein Studium ist ein Greuel, und aus der Beschäftigung mit dem Tarot der Weissagung haben wir ziemlich viele wissenswerte Dinge gelernt. Außerdem haben wir dabei noch einige Entdeckungen gemacht, die im Umgang mit dem Tarot eine größere Genauigkeit ermöglichen werden. Als wir dem Werdegang nachspürten, wie er von Etteilla, dem verkannten Forscher, und von Mademoiselle Lenormand, der begabten Hellseherin, demonstriert wird, haben wir den Faktor »Zeit« bestimmen können, wie er im alten Ägypten jedem Blatt zugeschrieben wurde; das wird der Kartenlegerin künftig die Voraussage erlauben, zu welcher Stunde an welchem Tag die Möglichkeit besteht, daß der schöne dunkelhaarige Mann, mit einer Verzögerung, der hübschen blonden Witwe begegnen wird . . . Ich versichere Ihnen, daß es nicht leicht gewesen ist, in diesem Labyrinth aus Unklarheiten Genauigkeit zu entdecken. Genau hier aber erweist sich die Funktion der kleinen Arkana innerhalb des Tarot. Die kleinen Arkana tragen zu den allgemeinen Grundideen der großen Arkana die Festigkeit und den Begriff der Zeit bei. Darin hat ihre Rolle in der alten Lehre der Astrologie bestanden, und dies ist auch ihre Rolle im Tarot der Weissagung. Eine noch größere Genauigkeit wird durch die Verwendung einer astrologisch-numerologischen Tafel gewährt, wie wir später darstellen werden (siehe Seite 85).

Kapitel 1

Der Aufbau des Tarot

Das Tarot ist, dem Augenschein nach, ein Kartenspiel; doch in Wirklichkeit ist es ein sehr altes hieroglyphisches Buch, das aus Ägypten stammt.

Unser Buch »Tarot der Zigeuner« ist dem Studium des Tarot im Hinblick auf seinen Ursprung und auf seinen philosophischen Gebrauch gewidmet. Doch für jemand, der das Tarot für die Deutung von Ereignissen aus Vergangenheit, Gegenwart oder Zukunft verwenden will, sind jene Betrachtungen nur von geringem Wert. Wir wollen daher, so klar und verständlich wie möglich, eine Darstellung des Tarot unter dem Gesichtspunkt der Weissagung geben.

Das Tarot setzt sich aus 78 Karten zusammen: 56 Karten, genannt die *kleinen Arkana*, aus denen unsere heutigen Kartenspiele hervorgegangen sind, und 22 weitere Karten, die als *große Arkana* bezeichnet werden und in den heutigen Karten nicht mehr vertreten sind.

Die kleinen Arkana setzen sich aus vier sogenannten »Farben« oder Trümpfen zusammen: den Stäben, den Kelchen, den Schwertern und den Münzen. In unseren heutigen Spielen sind aus den Stäben die Treffs oder Kreuze geworden, aus den Kelchen die Herzen, aus den Schwertern die Piks oder Schippen und aus den Münzen die Karos.

Jede dieser Spielfarben umfaßt 14 Karten: König, Dame, Ritter und Bube, die vier Figuren der Farben (z. B. Stab-König, Stab-Dame, Stab-Ritter, Stab-Bube usw.); außerdem zehn Zahlen, das As (1) und dann die 2, die 3, die 4, die 5, die 6, die 7, die 8, die 9 und die 10 — das ergibt jeweils 14 Karten für die Stäbe, die Kelche, die Schwerter und die Münzen: damit insgesamt 56 Karten.

Außer diesen 56 kleinen Arkana, von denen jedes eine Bedeutung für die Weissagung besitzt und entweder aufrecht oder auf dem Kopf stehend betrachtet werden muß, gibt es die 22 großen Arkana oder »großen Trümpfe«, die auf herausragende Ereignisse hinweisen und sich ebenso auf Völker und Gesellschaften wie auf Individuen beziehen lassen.

Diejenigen, die mit dem Tarot arbeiten möchten, müssen den 22 großen Arkana besondere Aufmerksamkeit zuwenden, da in den heutigen Kartenspielen keine Entsprechungen von ihnen mehr zu finden sind. Um die Beschäftigung mit ihnen zu erleichtern, kann man davon ausgehen, daß die 22 großen Arkana aus 3 Gruppen à 7 Karten bestehen. Sie sind von 1 bis 21 durchnumeriert, und eine Karte trägt die Zahl 0. Sie ist zwischen Blatt 20 und 21 plaziert und trägt den Namen »Mat« oder Der Narr.

Eigene Untersuchungen

Unsere eigenen Untersuchungen über das Tarot sind in dem Buch »Tarot der Zigeuner«* enthalten.

Wir geben hier den allgemeinen Aufbau zum Schlüssel des Tarot wieder, den wir nach neueren Untersuchungen erstellt haben.

In dieser Darstellung ist zu sehen, daß sich im Zentrum das Arkanum 22 befindet, das den Gesamtaufbau in sich zusammenfaßt. Die großen Arkana befinden sich in der Mitte des Kreises und die kleinen an der Peripherie.

Die Zahlen, die jeweils einem kleinen Arkanum mit einer Figur entsprechen, stehen unter der betreffenden Figur. So entsprechen die Zahlen 1-4-7 dem König, die Zahlen 2-5-8 der Dame, die Zahlen 3-6-9 dem Ritter und die Zahl 10 dem Buben. Schließlich beginnen die Stäbe mit

---

* Ansata Verlag, Interlaken, 3. Auflage 1985

dem König, die Kelche mit der Dame, die Schwerter mit dem Ritter und die Münzen wieder mit dem König.

Die großen Arkana sind in der Form angeordnet, daß das oberhalb stehende Arkanum durch theosophische Addition die Zahl des darunter stehenden Arkanum wiedergibt. Beispielsweise ergibt das Arkanum 12 durch Addition der Ziffern 1 + 2 = 3, und dies ist die Zahl des darunter plazierten Arkanum.

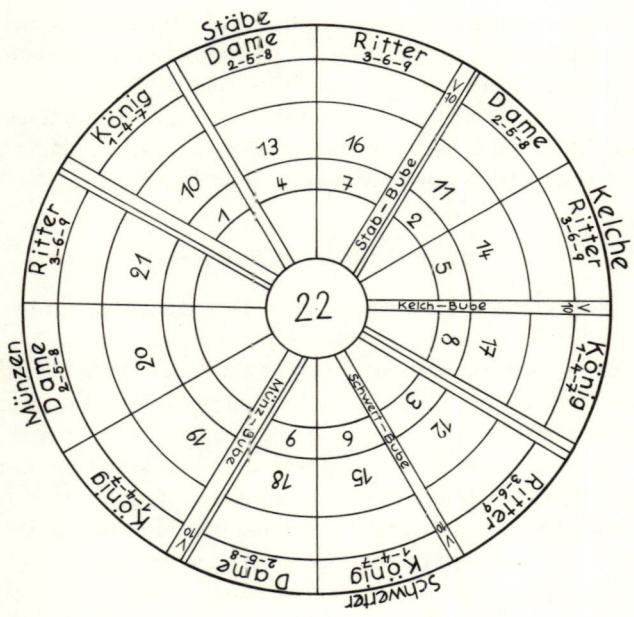

Allgemeiner Schlüssel des Tarot, nach Unterschungen von Papus.
Entsprechung und Position aller 78 Arkana.

Kapitel 2

Die Bedeutung der grossen Arkana für die Weissagung

Man kann die Bedeutung dieser 22 Karten ziemlich leicht im Kopf behalten, wenn man sich nur die Mühe macht, sie eine nach der anderen im Hinblick auf ihren symbolischen Sinn genau zu betrachten.

Im übrigen kann eine allgemeine Regel zusätzlich hierfür noch als Gedächtnisstütze dienen: Die ersten 7 Karten beziehen sich hauptsächlich auf die *intellektuelle Seite* des Menschen, die 7 folgenden auf seinen *moralischen Aspekt* und die letzten 7 Karten schließlich auf die verschiedenen Ereignisse in seinem *materiellen Leben*. Damit können wir die Bedeutung dieser 22 Karten folgendermaßen festlegen:

1. Der Gaukler bedeutet der Frager
2. Die Hohepriesterin bedeutet die Fragerin
3. Die Herrscherin bedeutet Aktion, Initiative
4. Der Herrscher bedeutet Willenskraft
5. Der Hohepriester bedeutet Inspiration
6. Der Liebende bedeutet Liebe
7. Der Wagen bedeutet Triumph, Schutz durch die Vorsehung
8. Die Gerechtigkeit bedeutet Gerechtigkeit
9. Der Eremit bedeutet Klugheit, Vorsicht
10. Das Rad des Schicksals bedeutet Glück, schicksalhafte Bestimmung
11. Die Kraft bedeutet Stärke
12. Der Gehängte bedeutet Prüfung, Opfer
13. Der Tod bedeutet Tod

14. Die Mäßigkeit	bedeutet	Mäßigung, Sparsamkeit
15. Der Teufel	bedeutet	Höhere Gewalt, Krankheit
16. Das Haus Gottes	bedeutet	Ruin, Enttäuschung
17. Der Stern	bedeutet	Hoffnung
18. Der Mond	bedeutet	Verborgene Feinde, Gefahr
19. Die Sonne	bedeutet	Materielles Glück, reiche Heirat
20. Das Gericht	bedeutet	Wechsel der Position
21. Der Narr (0)	bedeutet	Unüberlegtes Handeln, Torheit
22. Die Welt (21)	bedeutet	Sicherer Erfolg

Kapitel 3

Das Auslegen und die Anordnung der Tarotkarten

Wir können nun unser Tarot unter dem Gesichtspunkt der Weissagung benutzen. Bevor wir jedoch damit beginnen, ist es unbedingt notwendig, den Plan festzulegen, wie wir beim Auslegen der Karten vorgehen werden.

Die Bedeutung der Karten zu kennen ist nämlich nur der erste Teil in der Kunst des Kartenlesens; es ist noch wichtiger zu wissen, wie sie auszulegen sind. Wir bereits gesagt, braucht man nicht von astronomischen Angaben auszugehen, denn das Tarot soll nicht dafür verwendet werden, um die Umdrehung der Gestirne als Quelle zukünftiger Ereignisse darzustellen. Das gehört in den Bereich der Astrologie. Wir wollen uns darauf beschränken, die Tarotkarten auszulegen, die über den Zufall herrschen.

Wir wollen jedoch im Rahmen dieser Studie so viele Elemente wie möglich liefern, die positiv als erwiesen gelten. Wenn wir uns auf den Schlüssel zur Anwendung des Tarot beziehen, stellen wir fest, daß sich das menschliche Leben durch vier große zeitliche Abschnitte entwickelt, die bezeichnet werden als:

>Kindheit
>Jugend
>Reifezeit
>Alter

Wenn es nicht um das menschliche Leben geht und man lediglich den Entwicklungsgang eines Geschehens erkennen will, so durchläuft dieses ebenfalls vier große Evolutionsphasen:

Beginn
Höhepunkt
Abnahme
Verfall

Wir müssen daher zuallererst die Plätze genau bestimmen, welche die vier Karten an jeweils zwei gegenüberliegenden Punkten einnehmen werden und an welche Stellen wir später die Karten legen, die uns das Unbekannte enthüllen sollen.

Damit ist nun unser erster Schritt festgelegt: die Bestimmung der vier Plätze, welche die Karten einnehmen sollen.

4

Höhepunkt

Jugend

1   3

Beginn   Abnahme

Kindheit   Reifezeit

2

Fall

Alter

Man wird daraus ablesen, daß die Anordnung der Punkte *von links nach rechts* verläuft, wie die Reihenfolge der Zahlen erkennen läßt, während die Symbole *von rechts nach links* zu lesen sind.

Das menschliche Leben oder das betreffende Ereignis bewegt sich in drei deutlich voneinander zu unterscheidenden Zeitabschnitten:

Vergangenheit
Gegenwart
Zukunft

was in der folgenden neuen Abbildung wiedergegeben ist:

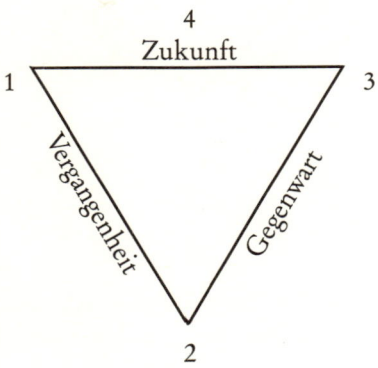

Im Zentrum dieser Figur befindet sich der- oder diejenige, der oder die das Tarot befragt.

Die Anordnung des Dreiecks folgt dem Verlauf der Zahlen, nicht dem der Symbole.

Da aber vier Punkte nicht ausreichen, um genau den Lauf der Sonne am Himmel wiederzugeben, wählen wir für das große Legesystem des Tarot zwölf Punkte, die den zwölf Monaten des Jahres entsprechen. Die obige Darstellung ist ausreichend, wenn wir das Tarot über kleinere Ereignisse befragen wollen. Wenn es sich jedoch um die großen Ereignisse eines ganzen Lebens handelt, dann legen wir die Karten nach dem folgenden Schema aus:

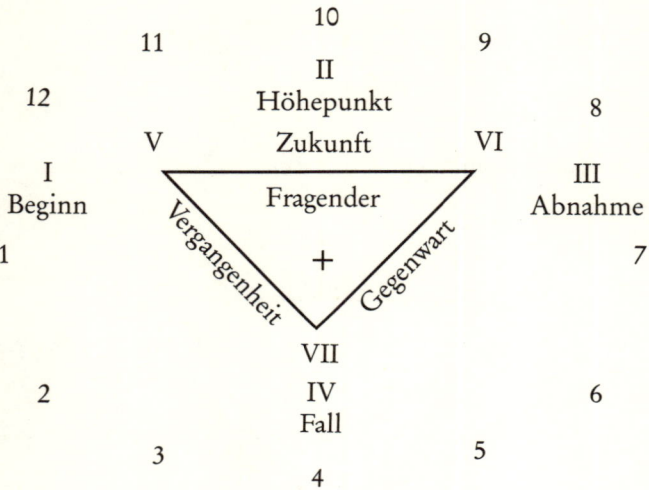

Diese Abbildung, die sehr wichtig ist und daher genau studiert werden sollte, setzt sich aus folgenden drei Kreisen zusammen:

1. ein äußerer Kreis, der aus zwölf Feldern gebildet wird, die mit den kleinen Arkana gefüllt werden. Die Felder sind, wie die Zahlen angeben, von links nach rechts angeordnet.

2. ein zweiter mittlerer Kreis, der aus vier Feldern besteht, die von rechts nach links angeordnet sind.

3. schließlich ein zentraler innerer Kreis, der aus dem Dreieck gebildet wird, das an jeder Ecke ein Feld enthält, was insgesamt drei Felder ergibt.

Diese letzten drei Häuser und die vier vorangehenden werden mit den großen Arkana besetzt.

In der Mitte der Figur befindet sich der oder die Fragende.

Legemethoden beim Tarot

I. Schnelles Verfahren

Nehmen wir an, es handelt sich darum, das Horoskop für irgendeine Angelegenheit zu stellen. Wie muß man dabei vorgehen?

1. Sie nehmen die kleinen Arkana und trennen von dem ganzen Stapel diejenige Spielkartenfarbe ab, die sich auf die Art der gewünschten Befragung bezieht.

   Wenn es sich dabei um eine geschäftliche Angelegenheit handelt, die Sie unternehmen wollen, so nehmen Sie die Stäbe.

   Wenn es sich um eine Herzensangelegenheit handelt, so nehmen Sie die Becher.

   Wenn es sich um eine Prozeßangelegenheit oder irgendeine Art von Streit handelt, so nehmen Sie die Schwerter.

   Im Falle einer Geldangelegenheit nehmen Sie die Scheiben.

2. Mischen Sie nun die ausgewählten Karten und lassen Sie sie dann von der fragenden Person abheben.

3. Nehmen Sie nun die ersten vier Karten dieses Päckchens und legen Sie diese, ohne sie zu betrachten, in Kreuzform und in der folgenden Art und Weise von links nach rechts aus, wie es die nachstehenden Zahlen angeben:

```
              4
    1                  3
              2
```

4. Nehmen Sie dann die großen Arkana, mischen sie und lassen abheben.

5. Lassen Sie nun von dem oder der Fragenden aufs Geratewohl sieben Karten aus diesen großen Arkana ziehen, die er Ihnen gibt, ohne einen Blick darauf zu werfen.
6. Sie mischen diese sieben Karten, lassen abheben und nehmen die drei ersten Karten vom Spiel, die Sie, ebenfalls ohne hinzusehen, in Form eines Dreiecks folgendermaßen anordnen:

```
     I              II
            III
```

Sie erhalten damit die folgende Figur:

```
               4
          große Arkana
       I              II
    1                        3
              III
          kleine Arkana
               2
```

7. Dann heben Sie die Karten hoch und drehen sie um, damit Sie sie sehen können, und deuten den Sinn der Orakelsprüche, wobei Sie darauf achten, daß die Karte auf Platz 1 den Beginn anzeigt.

Die Karte auf Platz 2 gibt den Höhepunkt an, die auf Platz 3 zeigt die Hindernisse, und diejenige auf Platz 4 schließlich den Fall.

Das große Arkanum auf Platz I zeigt an, wovon die Vergangenheit dieser Angelegenheit beeinflußt wurde.

Das große Arkanum auf Platz II weist darauf hin, was auf die Gegenwart dieser Angelegenheit einwirkt.

Schließlich zeigt das große Arkanum auf Platz III, von welchem Einfluß die Zukunft bestimmt wird.

Dieses Verfahren geht sehr rasch vor sich, wenn man

erst einmal vertraut damit geworden ist. Ein wichtiger Punkt ist jedoch noch zu beachten, wenn man die Karten nach diesem Schnellverfahren legt: Die Figuren beziehen sich dabei nicht mehr ausschließlich auf Personen mit einer bestimmten Haarfarbe, das heißt, der König stellt einen Mann ohne besondere Unterscheidungsmerkmale dar, die Dame irgendeine Frau, der Ritter einen jungen Mann und der Bube ein Kind.

II. Fortgeschritteneres Verfahren

1. Sie mischen zusammen alle kleinen Arkana und lassen abheben.
2. Sie nehmen vom Spiel die ersten 12 Karten und legen diese in Kreisform wie folgt:

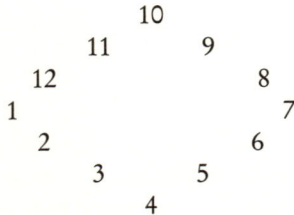

3. Sie mischen nun die großen Arkana und lassen abheben. Dann lassen Sie von dem oder der Fragenden sieben Karten auswählen.
4. Sie nehmen die ersten vier Karten vom Spiel und legen sie nach innen neben die Karten auf den Plätzen 1, 10, 7 und 4, wie in der folgenden Abbildung dargestellt:

```
            II
   I               III
           IV
```

5. Schließlich legen Sie die letzten drei dieser Karten in Dreiecksform wie folgt in die Mitte der Figur:

```
        V           VI
             VII
```

Sie erhalten damit die nachstehende Grundfigur, die bereits weiter oben abgebildet wurde:

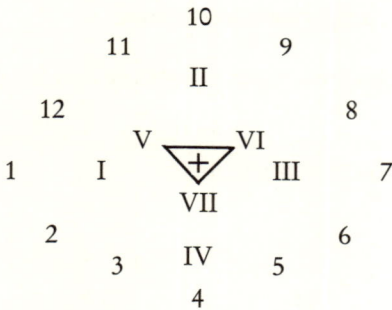

In den Mittelpunkt dieser Figur legen Sie den Fragenden, wenn er nicht bei den gezogenen Karten gewesen ist. Wurde die Karte des oder der Fragenden bereits gezogen, so legen Sie diese in die Mitte und ersetzen sie durch eine neue Karte aus den großen Arkana, die von der Person ausgewählt wird, welche das Tarot befragt.

Die 12 kleinen Arkana bezeichnen die unterschiedlichen Phasen, die das Leben des betreffenden Individuums oder die Entwicklung des Geschehens während der vier großen Zeiträume durchläuft:

Der Beginn wird angezeigt durch das große Arkanum I, das den allgemeinen Charakter angibt; Höhepunkt = Arkanum II; Abnahme oder Hindernis = Arkanum III; Fall = Arkanum IV.

Schließlich bezeichnen die drei großen Arkana in der

Mitte den besonderen Charakter des Horoskops in der Vergangenheit (V), in der Gegenwart (VI) und in der Zukunft (VII).

Die Zukunft wird bei den kleinen Arkana durch die Karten 7 bis 12 dargestellt, die Vergangenheit durch diejenigen auf den Plätzen 1 bis 4 und die Gegenwart durch diejenigen auf den Plätzen 4 bis 7.

Diese Ziffern bezeichnen die Nummern der Plätze, die von den Arkana eingenommen werden, jedoch nicht die Zahlen der Arkana selbst. Diese Feststellung ist wichtig, damit man nicht auf den Gedanken kommt, daß das Arkanum VII etwa immer auf dem Platz VII liegen muß usw.

Die Erklärung der Bedeutung dieser Arkana dürfte nicht schwerfallen, wenn man die entsprechenden Kapitel gründlich studiert hat. Im übrigen wird die praktische Erfahrung viel besser über alle Einzelheiten belehren können als jede Theorie der Welt.

III. Methoden der Orakelbefragung nach Bourgeat

1. *Die Taube*

Heben Sie von dem Tarotspiel, wie üblicherweise praktiziert, so viele Karten ab, wie der Rufname des geliebten Menschen Buchstaben hat. Suchen Sie dann aus dem Spiel die Karte des oder der Fragenden (Arkanum I oder II) sowie diejenige Karte heraus, welche die geliebte Person darstellen soll (Ritter, Dame oder König). Mischen Sie diese beiden mit den bereits ausgesonderten Karten und legen Sie alle in einem Halbkreis aus, mit der Abbildung nach unten.

Dann nehmen Sie sehr langsam eine Karte nach der anderen, wobei Sie die Reihenfolge dem Zufall überlassen, drehen sie um und legen sie eine neben die andere, wobei Sie wiederum einen Halbkreis bilden und immer von links nach rechts vorgehen.

Wenn die Deutung abgeschlossen ist, nimmt man die Karten hoch, mischt sie und bildet drei Päckchen daraus:

Das erste Päckchen steht für den Fragenden oder das Herz des Fragenden;

das zweite Päckchen für das Herz des geliebten Menschen;

das dritte Päckchen für unvorhergesehene Umstände.

2. Der Falke

Die Vorgehensweise ist absolut dieselbe, doch bezieht sie sich nicht auf einen geliebten Menschen, sondern auf einen Gegner.

Den Abschluß bilden die drei folgenden Päckchen:

Das erste steht für den Fragenden;

das zweite für den Gegner;

das dritte für unvorhergesehene Umstände.

3. Die Perlen der Isis

Man hebt sieben Karten vom Spiel ab, die man in Kreuzform auslegt und mit sieben anderen zudeckt. Dann wird eine Karte nach der anderen gedeutet.

IV. Zigeuner-Methode nach einem katalanischen Zauberbuch

Das ganze Spiel wird gut gemischt, und dann macht man zwölf Päckchen zu jeweils vier Karten.

Auf das erste Päckchen bezieht man alle Fragen, die das Leben des jeweiligen Menschen betreffen, seine Konstitution, sein Temperament, seinen Körper, seine Gewohnheiten und die Dauer seines Lebens;

auf das zweite Päckchen: seinen Wohlstand oder seine Armut, seinen Besitz, Handel oder geschäftliche Unternehmungen;

auf das dritte Päckchen: seine Familie, seine Eltern oder Verwandten;

auf das vierte Päckchen: den Besitz in Wohngebäuden oder Grundstücken, das Erbe, die verborgenen Schätze und die Gewinne, die man sich erhofft;

auf das fünfte Päckchen: die Liebe, Schwangerschaft und Geburt, Anzahl und Geschlecht der Kinder, Liebesbeziehungen und Hausdiebstahl;

auf das sechste Päckchen: die Krankheiten, ihre Ursachen, ihre Behandlung und ihre Heilung;

auf das siebente Päckchen: die Ehe und die Feindschaften:

auf das achte Päckchen: den Tod;

auf das neunte Päckchen: die Wissenschaften und Künste, die Anstellungen und verschiedenen Berufe des Menschen;

auf das zehnte Päckchen: alles, was in Verbindung mit der Regierung und staatlichen Verwaltung steht;

auf das elfte Päckchen: die Freundschaft, die Wohltätigkeit und Großmut;

auf das zwölfte Päckchen: Kummer, Schmerzen, Übel und Verfolgungen jeglicher Art.

Um eine Frage zu lösen, reicht es nicht aus, nur ein einziges Päckchen heranzuziehen, sondern vielmehr drei, um aus ihnen ein Trigon zu bilden.

Von diesen Trigonen gibt es vier, nämlich:

1	5	9
2	6	10
3	7	11
4	8	12

Nehmen wir beispielsweise an, daß eine Frage lautet: Wird die und die Person von der und der anderen Person geliebt?

Diese Frage ist dem *fünften Päckchen* zugeordnet. Man nimmt daher die betreffenden vier Karten und legt sie nebeneinander in eine Reihe. Dann nimmt man das neunte

Päckchen und legt diese vier Karten darunter. Schließlich nimmt man das erste Päckchen und legt diese Karten ganz zuunterst.

Diese von den Zigeunern überlieferte Methode ist eine Übertragung der astrologischen Häuser auf das Tarot.

V. Originalmethode des Kartenlegens nach Etteilla
(nach einem seiner wenig bekannten Werke)

Wir haben bisher eine großenteils eigene Methode des Kartenlegens erklärt. Da wir jedoch nicht die Absicht haben, ein Monopol für die Kunst der Kartomantie zu beanspruchen, wollen wir noch einige Worte über die Methode des Großmeisters auf diesem Gebiet der Geheimwissenschaft sagen.

Etteilla (ein Anagramm, mit wirklichem Namen »Alliette«) lebte zur Zeit der Französischen Revolution (ca. 1750-1810) und war Perückenmacher. Eines Tages fiel ihm zufällig ein Tarotspiel in die Hände, und da seine Neugier durch dessen bizarre Figuren geweckt wurde, begann er sich intensiv damit zu beschäftigen. Dieses Studium währte dreißig Jahre, und danach glaubte er, das Geheimnis dieses ägyptischen Buches herausgefunden zu haben.

Leider hatte Etteilla keinerlei Begabung, in Zusammenhängen zu denken und eine Synthese herzustellen, was ihn dazu verleitete, neben wirklich wunderbaren intuitiven Resultaten bedauerlicherweise auch völlige Hirngespinste niederzuschreiben. Daher besteht die starke Neigung, diesen unermüdlichen Arbeiter zu verleumden; doch muß man den echten Anteil der Wahrheit in seinem Werk anerkennen, ohne allzusehr auf seine naiven Einfälle zu achten.

Wie dem auch sei, Etteilla verwandte sein ganzes Wissen auf die Kunst der Weissagung, und wenn man seinen Zeitgenossen Glauben schenkt, erfüllte er diese Aufgabe mit großem Erfolg. So wurde er auch zum Abgott aller künftigen Kartenlegerinnen, die einzig und allein auf ihn schwören.

Wir werden uns daher darauf beschränken, seine Methode ausführlich zu beschreiben und auf die Erklärung seiner Nachfolger verzichten, die ihn oft nicht verstanden haben.

Es sind vier Schritte erforderlich, um die Tarotkarten nach seiner Methode vollständig auszulegen. Wir werden sie nacheinander beschreiben.

Erster Schritt: Mischen Sie alle Karten des Tarot, ohne sich dabei um große oder kleine Arkana zu kümmern. Dann lassen Sie abheben und teilen Sie das Spiel in drei Päckchen zu jeweils 26 Karten*, und zwar in der folgenden Weise:

26   26   26

Nehmen Sie nun das Päckchen aus der Mitte und legen es rechts neben sich, also:

26   26   26   zur Seite gelegt

Es bleiben Ihnen zwei Päckchen zu jeweils 26 Karten. Sie nehmen beide, mischen sie, lassen abheben und teilen sie dann in drei Päckchen zu jeweils 17 Karten. Dabei bleibt eine Karte übrig, die Sie nicht weiter beunruhigen soll:

17   17   17
   1

---

* Etteilla hat klar erkannt, daß die Zahl 26 (3 x 26 = 78) der Summe aus den Buchstaben des göttlichen Namens entspricht:

| 10 | + | 5 | + | 6 | + | 5 | = | 26 |
| iod | | he | | vau | | he | | |

Dann nehmen Sie wieder das Päckchen aus der Mitte und legen es nach rechts neben das Päckchen mit den 26 Karten, das sich bereits dort befindet, und zwar folgendermaßen:

    17   17   17 + 26 zur Seite gelegt
         *
     1

Nun nehmen Sie die 35 Karten, die noch nicht zur Seite gelegt wurden, mischen diese gut, lassen abheben und teilen Sie diesmal in drei Päckchen zu jeweils 11 Karten. Jetzt bleiben zwei Karten übrig, die Sie nicht weiter beachten müssen, also:

    11   11   11
     2

Danach nehmen Sie, wie schon zuvor, das Päckchen aus der Mitte und legen es nach rechts neben die beiden anderen, die sich schon dort befinden, also folgendermaßen:

    11   11   11 + 17 + 16 zur Seite gelegt
         *
     2

Danach sammeln Sie alle Karten, die Sie noch nicht zur Seite gelegt haben, zu einem Päckchen und sind nun bereit zur Deutung der Orakelsprüche.

Zu diesem Zweck nehmen Sie zuerst das Päckchen mit den 26 Karten, die Sie am Anfang auf die Seite gelegt haben, und legen es Karte für Karte auf dem Tisch aus, wobei Sie von rechts nach links wie folgt vorgehen:

         26 1

Nun nehmen Sie das auf die Seite gelegte Päckchen mit den 17 Karten und legen diese unter die erste Kartenreihe, ebenso das Päckchen mit den 11 Karten, die Sie zuunterst unter die beiden anderen Reihen legen. Sie erhalten dann eine endgültige Anordnung wie folgt:

```
Seele     26 .............................. 1
Geist           17 ................... 1
Körper                11 ........ 1
                Zurückbehaltenes Päckchen
                           24
```

Dann erklären Sie die Bedeutung dieser Karten, wobei Sie darauf achten, daß sich die untere Reihe von 11 Karten auf den *Körper,* die mittlere Reihe aus 17 Karten auf den *Geist* und schließlich die oberste Reihe aus 26 Karten auf die *Seele* des Fragenden bezieht.

Etteilla hat aus dieser Methode des Kartenlegens tiefe Erkenntnisse über die Erschaffung der Welt, die Kabbala und den Stein der Weisen abgeleitet. Wir möchten hier jedoch nicht darauf eingehen, sondern mit dem Studium der weiteren Auslegung des Tarot fortfahren.

★

Zweiter Schritt: Mischen Sie wieder alle 78 Karten und lassen abheben. Nehmen Sie dann vom Spiel die ersten 17 Karten weg, die Sie wie folgt auslegen:

```
        17 .................... 1
```

Betrachten Sie kurz die 18. Karte, die sich in Ihrer Hand befindet, nachdem Sie die 17 Karten ausgelegt haben, und auch die 78. Karte, die sich als unterste im Spiel befindet.

Diese beiden Karten zeigen Ihnen durch ihre Bedeutung an, ob zwischen dem Fragenden und Ihnen eine feinstoffliche und sympathische Verbindung hergestellt ist.

Sie können dann die Orakelsprüche der so ausgelegten Kartenreihe deuten, wobei Sie — wie immer — rechts beginnen. Wenn Sie diese Reihe gedeutet haben, legen Sie die 17. Karte rechts und die 1. Karte links von sich hin. Auf dieselbe Weise verfahren Sie mit der 16. und der 2. Karte bis zum Schluß, wo dann eine einzelne Karte in der Mitte übrig bleibt.

Dritter Schritt: Sie nehmen wiederum alle Karten, mischen sie und lassen abheben. Dann legen Sie sie aus, wie die folgende Darstellung zeigt, entsprechend der angegebenen Zahlenfolge:

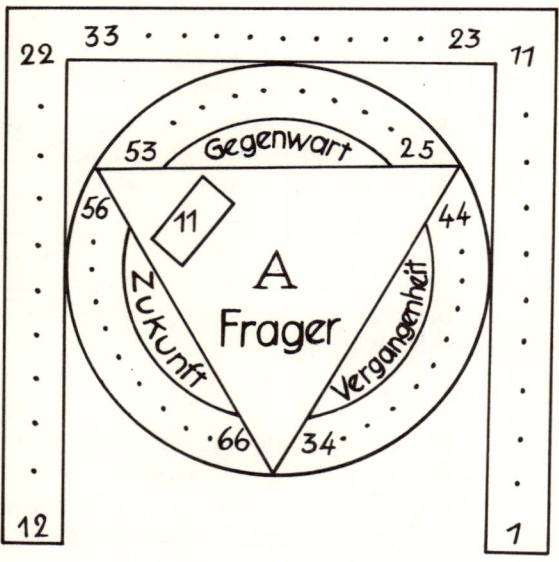

Sie erhalten damit die große Figur des Etteilla, die den Schlüssel zu Vergangenheit, Gegenwart und Zukunft derjenigen Person gibt, die das Tarot um Rat befragt. Um sich dieser Methode mit Erfolg bedienen zu können, muß man den Aufbau dieser Figur immer im Gedächtnis bewahren.

Zu diesem Zweck zeichnet man sie am besten mit allen Zahlen auf eine Tafel oder einen großen Karton und legt die Karten dann in der entsprechenden Reihenfolge aus.

Um die Ergebnisse aus dieser Figur deuten zu können, muß man immer jeweils zwei miteinander korrespondierende Karten aufnehmen, z. B. die 1. mit der 34., die 2. mit der 35. Karte usw. für die Vergangenheit. Dann die 23. mit der 45., die 24. mit der 46. Karte usw. bis zur 33. mit der 55. Karte für die Gegenwart. Schließlich die 12. mit der 66., die 13. mit der 65. Karte usw. bis zur 22. mit der 56. Karte für die Zukunft.

Das Vorgehen wird durch ein genaues Studium der Übersichtstafel völlig verständlich werden.

Vierter Schritt: Diese vierte Methode des Kartenlegens dient nur zur Ergänzung, um Antworten auf bestimmte Fragen zu erhalten. Man mischt dafür alle 78 Karten, läßt abheben und legt die ersten 7 Karten wie folgt aus:

7 1

und liest daraus die Antwort auf die gestellte Frage.

Nach Etteillas Schrift »Wie man sich mit dem Tarotspiel entspannen kann« ist diese letztere Methode auch mit dreimal sieben Karten untereinander durchzuführen.

Kapitel 4

DAS ZUSAMMENTREFFEN VON ARKANA

Wenn man die Lehren des Tarot von Karte zu Karte deutet, so läßt sich dies damit vergleichen, mit einem Finger und Note nach Note Klavier zu spielen. Es mangelt dabei an Begleitung und an Harmonie.

Die wirkliche Ausdeutung des Tarot leitet sich aus dem Zusammentreffen bestimmter Karten ab, das heißt, aus ihrem wechselseitigen Einfluß aufeinander.

Es gibt zigtausende von unterschiedlichen Deutungen für das Zusammentreffen von zwei, drei oder vier Karten der vier Spielkartenfarben. Verständlicherweise sind diese nicht alle wiederzugeben. Wir wollen uns daher auf praktische Anleitungen beschränken und nur die am häufigsten auftretenden Fälle zitieren.

Die alten Kartenleger folgten dem Brauch, die Wissenschaft der Begegnungen mit der Numerologie in Verbindung zu setzen. Damit ergab beispielsweise das Zusammentreffen des großen Arkanum 10, der Stab-Zehn und des Kelch-Ritters:

10 — Zahl des großen Arkanum
26 — Zahl der Stab-Zehn (nach Etteilla)
38 — Zahl des Kelch-Ritters

Die Gesamtsumme daraus ergibt 74. Wenn man die beiden Ziffern 7 und 4 addiert, so erhält man die Zahl 11, das Arkanum der Kraft, woraus sich der Sinn dieser Begegnung ableitet.

Bedeutung von zwei nebeneinanderliegenden Karten innerhalb der Gesamtheit des Spiels
(die mit einem * markierten Karten sind umgekehrt)

Kelch-As* und Kelch-Zehn — Überraschung im Haus.
Kelch-Sieben und Stab-Sieben — Gedanken an Geld.
Kelch-Sieben* und Münz-Zehn — Besitz von Geld.
Stab-Zehn* und Schwert-Zehn* — Geldverlust.
Schwert-Zehn* und Stab-Zehn* — Geld am Abend.
Münz-Acht und Stab-As* — Geldgeschenk.
Kelch-As und Münz-Bube — Sie werden erwartet.
Kelch-Bube und Schwert-As* — Beunruhigung durch eine politische Affäre.
Schwert-As und Schwert-Sieben* — Gerichtsprozeß.
Schwert-Bube und Schwert-As — Zweite Eheschließung.
Schwert-Dame und Kelch-Acht — Blonde, verwitwete Frau.
Stab-As und Kelch-Sieben* — Viel Geld.
Münz-Bube* und Schwert-Sieben — Sie warten auf etwas.
Münz-Dame* und Münz-König — Fremder Mann.
Schwert-As* und Stab-Dame — Ungerechtigkeit.
Kelch-König* und Kelch-As — Ballsaal.
Stab-As in der Nähe der Stab-Zehn — Geldsumme.
Kelch-König* und Kelch-As* — Pfandhaus.
Münz-Sieben* und Münz-Dame* — Uneinigkeit, Streit.
Kelch-Dame* und Münz-König — Verhinderte Heirat.
Schwert-König* und Schwert-Neun — Ungerechtfertigte Anklage.
Kelch-König und Kelch-Dame — Angesehene ältere Leute.
Stab-Acht und Stab-As — Liebeserklärung.
Münz-Bube und Münz-Dame — Weibliche Hausangestellte.
Münz-Zehn und Kelch-Acht* — Unerwartete Reise.
Kelch-König* und Kelch-As* — Börsenhandel.
Stab-König und Stab-Dame — Ehegatten.

Kelch-Sieben und Schwert-Zehn* — Verlust eines kleinen Gegenstandes.
Schwert-Zehn und Kelch-Sieben* — Überraschung, plötzliches Erschrecken.
Stab-Dame und Münz-Sieben* — Gespräch, Auseinandersetzung.
Münz-Acht und Stab-Acht — Ferne Landschaft.
Schwert-Zehn und Arkanum 1 — Tränen der Eifersucht.
Münz-Acht und Schwert-Acht — Schwere Unpäßlichkeit.
Stab-As* und Schwert-Zehn* — Eifersucht in der Liebe.
Münz-Acht und Schwert-Sieben* — Ungewisser Ausflug aufs Land.
Kelch-As und Münz-Sechs — Treffer.
Kelch-König* und Kelch-As — Glücksspiel.
Stab-As* und Kelch-Zehn — Überraschung in der Liebe.
Schwert-Sieben und Stab-As* — Freundschaftsdienst.
Kelch-As und Münz-Sieben — Gerede im Haus.
Münz-Acht und Kelch-Sieben* — Geplantes Vorgehen.
Stab-Zehn und Kelch-Zehn — Überraschung in Geldangelegenheiten.

Die partielle Deutung von 32 Karten
(9 Figuren, As, die Zahlen 10 bis 7)

König

Münze: Freundschaft, Ehe. — Umgekehrt: Es wird viele Schwierigkeiten geben.

Kelch: Ein verantwortlicher Mann, der dazu neigt, uns zu etwas zu verpflichten. — Umgekehrt: das Gegenteil.

Schwert: Richter oder Anwalt, mit dem man es zu tun haben wird. — Umgekehrt: Ein Prozeß wird verloren; Beeinträchtigung der geschäftlichen Angelegenheiten.

Stab: Rechtschaffene und die Gerechtigkeit liebende Persönlichkeit, die uns protegieren wird. — Umgekehrt: Schlechte Chancen, ungewisser Erfolg.

Dame

Münze: Blonde Frau vom Land, die üble Nachrede über die befragende Person verbreitet. — Umgekehrt: Habsucht, Unrecht.

Kelch: Ehrliche und sehr ergebene Frau, die uns einen Dienst leisten wird. — Umgekehrt: Verhinderung einer Heirat, wenn es sich um eine Fragende handelt.

Schwert: Bekümmerte Frau, verwitwet oder in geschäftlichen Schwierigkeiten. — Umgekehrt: Große und sehr negativ verlaufende Affären; wenn die Fragende ein junges Mädchen ist, wird sie von ihrem Geliebten verraten.

Stab: Dunkelhaarige Frau als Nebenbuhlerin. Wenn sie sich neben einem Mann befindet, Treue und Bevorzugung von diesem; wenn sie sich neben einer anderen Dame befindet, ist sie an der Person interessiert, die das Tarot befragt. — Umgekehrt: Begehren, Eifersucht, Untreue.

Bube

Münze: Soldat, Briefträger oder Postkutscher, der Neuigkeiten bringt. — Umgekehrt: Ungünstige Neuigkeiten bei einer Konsultation.

Kelch: Soldat, der in Kürze erscheinen muß, oder auch ein junger Mann, der die Neigung hat, uns große Dienste zu erweisen, dem man eng verbunden sein wird. — Hier hat die rechte oder die linke Seite der Karte dieselbe Bedeutung.

Schwert: Unangenehmer Mensch, dunkelhaarig, mit schlechten Manieren; Mann ohne Feingefühl, der sich über die erhabensten Dinge lustig macht. — Umgekehrt: Derselbe Typus, der damit beschäftigt ist, die Hindernisse zu überwinden, die sich seinen Plänen entgegenstellen.

Stab: Ein Verliebter, ein junger Familienangehöriger, der nach einem Mädchen sucht. Die Position neben einer Dame zeigt Erfolg an, neben einem Mann, daß jemand ein Wort für ihn einlegen wird; gefolgt von einem Kelch-Buben, daß ein gefährlicher Rivale existiert. — Umgekehrt: Widerstand der Eltern des jungen Mannes gegen die Heirat.

As

Münz-As: Briefe und Neuigkeiten in der allernächsten Zeit, mittels des Zeichens, das den oberen Teil der Karte markiert. — Umgekehrt: Traurige Nachrichten.

Kelch-As: Freude und Zufriedenheit; begleitet von Figuren: Festmahle und Zechgelage. — Umgekehrt: Das angekündigte Vergnügen wird mit Unannehmlichkeiten verbunden sein.

Schwert-As: Vorteile, die durch Gewalt, Eroberung, Erfolg in der Liebe und heftige Leidenschaft erlangt werden. — Umgekehrt: Dieselbe Bedeutung, mehr noch, verhängnisvolles Ergebnis, wo sich alles zum Schlechten wendet. Wird diese Karten von einer Zehn oder Neun gefolgt, so bezeichnet dies eine Todesnachricht, große Trauer, Verrat durch Vertraute und sogar Beraubung.

Stab-As: Brief, der Geld, bevorstehenden Reichtum, eine Erbschaft, Erfolg oder finanzielle Geschäfte ankündigt. — Umgekehrt: Freude, deren Lebhaftigkeit nicht ganz ungetrübt ist. Gefolgt von Münz-As und Stab-Sieben: Gewinn, Profit, großer Erfolg in geschäftlichen Angelegenheiten, Eingang von Geldern, wirtschaftliche Blüte.

Zehn

Münz-Zehn: Große Freude, Veränderung des Ortes und der Landschaft.

Kelch-Zehn: Freude, Zufriedenheit. Gemeinsam mit mehreren Figuren, stellt diese Karte eine Person dar, die unsere Interessen wahrnehmen wird.

Schwert-Zehn: Gefolgt von As und König, bedeutet dies Gefängnis; für ein Mädchen und eine Frau ist dies Verrat von Freunden.

Stab-Zehn: Bedeutet Gewinn, Wohlstand, Erfolg für etwas, was es auch immer sein mag; bedeutet aber Fehlschlag, wenn es von einer Schwert-Neun gefolgt wird. Wenn man einen Prozeß führt, wird dieser mit Sicherheit verloren.

Neun

Münz-Neun: Kleine Verzögerung, die jedoch keine Störung in den Angelegenheiten der oder des Fragenden verursacht.

Kelch-Neun: Eintracht und Zufriedenheit für diejenigen Personen, für die man die Karten gelegt hat.

Schwert-Neun: Verzögerung und Mangel in einigen Geschäften und Angelegenheiten. Wird die Karte von der

Münz-Neun oder dem Stab-As gefolgt, so zeigt dies an, daß man Geld bekommen wird, wenn auch mit Verspätung.

Stab-Neun: Geld, das man durch die Arbeit bekommt. Gemeinsam mit der Münz-Zehn, Freude durch Geld.

Acht

Münz-Acht: Bedeutet einen jungen Mann, der eine Stellung im Geschäftsleben einnimmt und sich für die befragende Person verwendet.

Kelch-Acht: Für diejenige Person, für die man die Karten legt, gilt, wenn sie verheiratet ist, daß die Kinder unwillkürlich zu positivem Handeln neigen; ist sie unverheiratet, dann werden ihre Geschäfte ganz und gar erfolgversprechend sein.

Schwert-Acht: Hat die Bedeutung einer Person, die uns eine schlechte Nachricht mitteilen wird, wenn die Münz-Sieben darauf folgt. Liegt sie neben irgendeiner beliebigen Figur, so bedeutet dies Tränen, Zwietracht für die betreffende Person, für welche die Karten gelegt werden, den Verlust der Anstellung oder des guten Rufs.

Stab-Acht: Bedeutet Unternehmungen für Geld oder geschäftliche Angelegenheiten, große Hoffnungen und Erwartungen, sicheres Glück.

Sieben

Münz-Sieben: Bedeutet gute Nachrichten, besonders dann, wenn Stab-Neun und Münz-As sich in der Nähe befinden; großer Erfolg im Glücksspiel.

Kelch-Sieben: Wenn es sich um ein Mädchen handelt, für welches man die Karten legt, so zeigt dies die Geburt von Töchtern an, wenn sie heiraten wird; ist es ein junger Mann, dann wird er ein Mädchen mit guter Empfehlung heiraten.

Schwert-Sieben: Bedeutet Streit und quälende Sorgen für

die Person, welche durch die folgende Karte dargestellt wird, es sei denn, daß sie sich neben einigen Kelchen befindet; in einem solchen Falle zeigt sie Sicherheit, Unabhängigkeit und die Befreiung von Sorgen an.

Stab-Sieben: Zeigt Schwachheit in der Liebe an, je nach der Person, für die man die Karten legt; gefolgt von Münz-Sieben und Stab-Neun bedeutet es jedoch reichen Besitz und eine Erbschaft durch entfernte Verwandte.

★

Wenn mehrere gleichwertige Karten aufeinandertreffen, also beispielsweise zwei, drei oder vier Könige, Damen oder Buben usw., dann wird dem von Etteilla die folgende Bedeutung beigemessen:

Karten zur rechten Hand

4 Könige. Große Ehren.
3 Könige. Konsultation.
2 Könige. Kleiner Rat.

4 Damen. Große Besprechung.
3 Damen. Täuschung durch Frauen.
2 Damen. Freundinnen.

4 Buben. Ansteckende Krankheit.
3 Buben. Wortwechsel.
2 Buben. Beunruhigung.

4 As. Glücksspiel.
3 As. Kleiner Erfolg.
2 As. Betrügerei.

4 Zehn. Vorbestrafter.
3 Zehn. Neue Situation.
2 Zehn. Veränderung.

4 Neun. Guter Bürger.
3 Neun. Großer Erfolg.
2 Neun. Kleine Geldsumme.

4 Acht. Fehlschlag.
3 Acht. Heirat.
2 Acht. Neue Bekanntschaft.

4 Sieben. Intrigenspiel.
3 Sieben. Gebrechlichkeit.
2 Sieben. Kleine Neuigkeit.

Karten zur linken Hand

4 Könige. Schnelligkeit.
3 Könige. Handel.
2 Könige. Projekt.

4 Damen. Schlechte Gesellschaft.
3 Damen. Naschhaftigkeit.
2 Damen. Geselliges Leben.

4 Buben. Entbehrung und Verlust.
3 Buben. Trägheit.
2 Buben. Arbeiter, Arbeit.

4 As. Unehrenhaftigkeit.
3 As. Ausschweifung.
2 As. Feindschaft.

4 Zehn. Ereignis.
3 Zehn. Mangel.
2 Zehn. Erwartung.

4 Neun. Wucher.
3 Neun. Unvorsichtigkeit.
2 Neun. Profit.

4 Acht. Irrtum.
3 Acht. Schauspiel.
2 Acht. Widriger Zufall.

4 Sieben. Schlechter Bürger.
3 Sieben. Freude.
2 Sieben. Dirne.

Drei Könige

1. Kelch-König.
2. Münz-König.
3. Stab-König.

Die Person, die sich in einem unglücklichen Zustand befindet, gelangt in eine sehr glückliche Situation; sie wird zu Besitz und großen Reichtümern kommen und geehrt werden.

1. Kelch-König.
2. Münz-König.
3. Schwert-König.

Trotz aller Anstrengungen, welche die betreffende Person unternimmt, um eine bessere Stellung zu erringen, macht sie darin keinerlei Fortschritte.

1. Kelch-König.
2. Stab-König.
3. Münz-König.

Aufgrund ihrer Talente verändert die Person ihre Stellung und kommt zu Ehren und Wohlstand.

1. Kelch-König.
2. Stab-König.
3. Schwert-König.

Ihre Aufeinanderfolge macht die betreffende Person glücklich und versetzt sie in die Lage, auch andere glücklich zu machen.

1. Kelch-König.
2. Schwert-König.
3. Stab-König.

Der Tod eines Kindes wird die Situation einer Person durch das Vermögen verändern, das sie durch dieses Ereignis bekommen wird.

1. Kelch-König.
2. Schwert-König.
3. Münz-König.

Der Verrat von Freunden dieser Person wird all ihre Hoffnungen und Erwartungen in dem Augenblick zerstören, wo sie es am wenigsten erwartet; dadurch wird sich ihr Schicksal sehr verändern.

1. Stab-König.
2. Münz-König.
3. Kelch-König.

Die Person wird einen Besitz erhalten, der ihren Eltern fortgenommen worden war. Durch diese Wiedergutmachung wird sich ihre Situation verändern und ihr ein beträchtliches Vermögen bringen.

1. Stab-König.
2. Münz-König.
3. Schwert-König.

Die Person wird verpflichtet sein, einen Besitz zurückzuerstatten, an dem sie sich erfreut hat, ohne daß er ihr gehört hätte; dadurch wird ihre Situation eine ziemliche Beeinträchtigung erfahren.

1. Stab-König.
2. Schwert-König.
3. Kelch-König.

Ein verborgener Schatz, den die betreffende Person findet, wird sie reich machen und ihr das Glück des Lebens bringen.

1. Stab-König.
2. Schwert-König.
3. Münz-König.

Die Person wird durch Feuer einige Güter verlieren, wodurch sich ihre Situation für einige Zeit verändern wird; doch mit Geduld und Arbeit wird sie wieder genauso wohlhabend wie vorher werden.

1. Stab-König.
2. Kelch-König.
3. Münz-König.

Die Person wird durch Vergünstigungen, die sie sich verdient hat, über ihre Situation hinauswachsen und ihr Geschick verändern. Die Auszeichnungen, die sie erhalten wird, werden sehr viele Neider anziehen.

1. Stab-König.
2. Kelch-König.
3. Schwert-König.

Die Person ist dazu bestimmt, von treuen Freunden und Wohltätern sehr geschätzt zu werden, die ihr zu einer glücklichen Ehe verhelfen werden.

1. Münz-König.
2. Kelch-König.
3. Stab-König.

Die Bemühungen gütiger Eltern oder hilfsbereiter Freundinnen werden die Person in einen angesehenen und gewinnbringenden Stand befördern.

1. Münz-König.
2. Kelch-König.
3. Schwert-König.

Die Person wird beträchtliche Gewinne im Glücksspiel erzielen.

1. Münz-König
2. Stab-König
3. Kelch-König

Die Person wird die Gelegenheit haben, einer hochgestellten Persönlichkeit einen sehr wichtigen Dienst zu erweisen. Diese wird der betreffenden Person ihre Dankbarkeit bezeugen und ihr die Möglichkeit geben, ihren Beistand in einer Angelegenheit zu erbitten, die ihr für den Rest des Lebens Glück bringen wird.

1. Münz-König.
2. Stab-König.
3. Schwert-König.

Die Person wird durch die Unterstützung von Verwandten oder Freunden zu Wohlstand gelangen.

1. Münz-König.
2. Schwert-König.
3. Kelch-König.

Die Person wird dadurch in Ungnade fallen, daß sie in einer Versammlung zu viel gegen eine hochgestellte Persönlichkeit gesagt hat.

1. Münz-König.
2. Schwert-König.
3. Stab-König.

Weil die Person ihre Angelegenheiten anderen zu sehr anvertraut hat, wird sie, verursacht durch Eifersucht und Verrat, eine Demütigung erfahren.

1. Schwert-König.
2. Kelch-König.
3. Stab-König.

Die Person wird, um Erfolg zu erlangen, über eine Herzensangelegenheit sprechen, wobei es um Ehre und bestimmte Vorteile geht; durch die Hilfe von Freunden wird sich diese Angelegenheit nach Wunsch entwickeln.

1. Schwert-König.
2. Kelch-König.
3. Münz-König.

Die Person wird sowohl sich selbst als auch ihren Besitz Angriffen ausgesetzt sehen. Ein mutiger und wohltätiger Mensch wird diese Schläge abwehren und den Betreffenden von unglücklichen Ereignissen befreien.

1. Schwert-König.
2. Stab-König.
3. Kelch-König.

Die Person erhält ein folgenreiches Geschenk, das ihr von Verwandten oder Gönnern in Anerkennung ihrer Zuneigung gegeben wird.

1. Schwert-König.
2. Stab-König.
3. Münz-König.

Die Person wird einen Freund haben, in den sie ihr ganzes Vertrauen setzt und gegenüber dem sie keinerlei Argwohn hegen wird. Dieser Freund wird ihren Schmuck und ihr Geld stehlen.

1. Schwert-König.
2. Münz-König.
3. Kelch-König.

Die Person wird durch kluge Ratschläge über zwei ihrer Gegner triumphieren. Durch die Bescheidenheit, von welcher ihre Handlungen begleitet werden, wird sie im Denken der Menschen großes Ansehen gewinnen.

1. Schwert-König.
2. Münz-König.
3. Stab-König.

Die Person wird Magenkrankheiten haben, die durch das Wasser hervorgerufen worden sind.

Alle diese Erklärungen sind gültig ohne Berücksichtigung der Plätze oder Zahlen, wo die betreffenden drei Könige so plaziert sind, daß sie nebeneinanderliegen. Das gilt auch für die anderen Karten.

Drei Damen

1. Kelch-Dame.
2. Münz-Dame.
3. Stab-Dame.

Die Person wird immer glücklich sein durch die Unternehmungen von nahen Verwandten, was ihre häuslichen Angelegenheiten betrifft.

1. Kelch-Dame.
2. Münz-Dame.
3. Schwert-Dame.

Die Person wird von seiten ihrer Verwandtschaft schlecht belohnt werden; daher wird sie auch gut daran tun, diese niemals um Geld zu bitten.

1. Kelch-Dame.
2. Stab-Dame.
3. Münz-Dame.

Die Person wird alle erdenkliche Hilfe bei nahen Verwandten finden; sie wird geliebt und verwöhnt werden.

1. Kelch-Dame.
2. Stab-Dame.
3. Schwert-Dame.

Die Person wird von ihren angeheirateten Verwandten geliebt werden, das heißt, von Schwager, Schwägerin, Neffen und Nichten. Sie wird in der Zukunft alle Arten von Gütern bekommen.

1. Kelch-Dame.
2. Schwert-Dame.
3. Münz-Dame.

Versammlung von Verwandten oder engen Freunden, um eine Angelegenheit zugunsten der Person abzuschließen, was ihr wohlhabende Verhältnisse sichern wird.

1. Kelch-Dame.
2. Schwert-Dame.
3. Münz-Dame.

Zusammenschluß von falschen Verwandten oder Freunden, um dem künftigen Wohl der Person zu schaden; dabei werden sie durch Intrigen eine Angelegenheit zunichte machen, die für jene Person das Glück ihres Lebens bedeutet hätte, was der oder die Betreffende aber erst sechs Monate später bemerken wird.

1. Stab-Dame.
2. Münz-Dame.
3. Kelch-Dame.

Für die Aufmerksamkeiten und Gefälligkeiten, welche der oder die Betreffende einer älteren und wohlhabenden Person erweist, wird sie sehr gut bezahlt werden.

1. Stab-Dame.
2. Münz-Dame.
3. Schwert-Dame.

Die Person wird einen alten Verwandten oder Freund durch Stolz oder mangelnde Gefälligkeit vernachlässigen, was ihr beträchtlichen Schaden bringen wird.

1. Stab-Dame.
2. Schwert-Dame.
3. Kelch-Dame.

Ein Freund, der im Sterben liegt, wird durch Testament oder Schenkung der Person sein gesamtes Vermögen hinterlassen.

1. Stab-Dame.
2. Schwert-Dame.
3. Münz-Dame.

Eine Gruppe von verräterischen Freunden wird großes Unheil für das Geschick der Person herbeiführen; doch nach zwei Jahren werden ihre Schwierigkeiten langsam aufhören, und ihre Situation wird sich bis zu ihrem Tode immer weiter verbessern.

1. Stab-Dame.
2. Kelch-Dame.
3. Münz-Dame.

Eine Gruppe von Verwandten, Freunden und Vorgesetzten wird sich um das Wohl der betreffenden Person kümmern und sie zu ihrem Vorteil beraten. Sie wird daraus Ehre und Gewinn erlangen.

1. Stab-Dame.
2. Kelch-Dame.
3. Schwert-Dame.

In einer Gesellschaft wird sich diese Person sehr eng an eine andere anschließen; jene wird eine solche Zuneigung zu ihr fassen, daß diese gefühlsmäßige Verbindung ihr Glück bedeuten wird.

1. Münz-Dame.
2. Kelch-Dame.
3. Stab-Dame.

Die Person wird durch ihre Intelligenz die Wertschätzung und Zuneigung von Menschen gewinnen, die ihr Glück bringen werden.

1. Münz-Dame.
2. Kelch-Dame.
3. Schwert-Dame.

Die Person wird an einem geheimen Ort eine versteckte Geldsumme finden, die sie reich machen wird.

1. Münz-Dame.
2. Stab-Dame.
3. Kelch-Dame.

Die Person wird, durch den Rat eines Freundes, durch ihre Neigung zu den Wissenschaften die Grenzen hinter sich lassen, die sie sich selbst gesteckt hat; durch die Arbeit und durch ihren Stand wird sie dann eine verdienstvolle Auszeichnung erhalten, wodurch sie in der Folge zu Reichtum gelangen wird.

1. Münz-Dame.
2. Stab-Dame.
3. Schwert-Dame.

Die Person wird durch Starrsinn zwei Freunde verlieren, die für ihr Glück bei einer Unternehmung hinderlich sein werden, die sie zum Erfolg hätten bringen können.

1. Münz-Dame.
2. Schwert-Dame.
3. Kelch-Dame.

Durch zu große Schwäche und Leichtgläubigkeit gegenüber einem falschen Freund wird die Person von ehrenwerten Leuten geringgeachtet werden wegen ihrer Launen und ihres Starrsinns, allen ihren Ideen nachgeben zu wollen.

1. Münz-Dame.
2. Schwert-Dame.
3. Stab-Dame.

Die Person wird den Weg der Gerechtigkeit verlassen und Menschen unglücklich machen.

1. Schwert-Dame.
2. Kelch-Dame.
3. Stab-Dame.

Wahre Freunde werden, aus selbstloser Freundschaft, so handeln, daß die Person in allen überlegten Unternehmungen Erfolg haben wird.

1. Schwert-Dame.
2. Kelch-Dame.
3. Münz-Dame.

Die Person wird gegenüber den klugen Ratschlägen anderer Gleichgültigkeit zeigen; das wird sie erhebliche Fehler begehen lassen, die sie viele Tränen kosten werden.

1. Schwert-Dame.
2. Stab-Dame.
3. Kelch-Dame.

Die Person wird durch ihr Verdienst die Freundschaft tugendhafter Menschen gewinnen, die sie in einen glücklichen Stand versetzen werden.

1. Schwert-Dame.
2. Stab-Dame.
3. Münz-Dame.

Die Person wird durch Nachlässigkeit in ihren persönlichen Angelegenheiten ihre Rechtschaffenheit und Tugend in Verdacht geraten lassen.

1. Schwert-Dame.
2. Münz-Dame.
3. Kelch-Dame.

Gelangweilt von ihrem Wohlbefinden, wird die Person aufgrund eines unruhigen Geistes Kränkungen erfahren und schließlich während einiger Jahre die öffentliche Achtung verlieren. Dann wird sie jedoch ihr Verhalten verändern und dadurch erneut die Öffentlichkeit günstig für sich stimmen, so daß sie ihr verlorenes Glück wiedererlangt.

1. Schwert-Dame.
2. Münz-Dame.
3. Stab-Dame.

Lieben, ohne geliebt zu werden, ist das Schicksal dieser Person; auch wird man ihr nur durch die Kraft des Geistes Gutes erweisen.

Drei Buben

1. Kelch-Bube.
2. Münz-Bube.
3. Stab-Bube.

Trotz der infamen Methoden eines Feindes wird die Person einen Prozeß gewinnen, von dem das Glück ihres Lebens abhängt.

1. Kelch-Bube.
2. Stab-Bube.
3. Münz-Bube.

Die Person wird Angelegenheiten von sehr großer Tragweite trotz der Eifersucht von Freunden oder Verwandten in Ordnung bringen, denn wenn diese Dinge einmal zum Abschluß gekommen sind, werden sie ihr ein angenehmes Leben verschaffen.

1. Kelch-Bube.
2. Stab-Bube.
3. Schwert-Bube.

Die Person wird Erfolg in ihren Unternehmungen haben; diese werden einen glücklichen Ausgang nehmen und ihre Situation florieren lassen.

1. Kelch-Bube.
2. Schwert-Bube.
3. Stab-Bube.

Die gerechte Sache dieser Person, in Verbindung mit einflußreichem Beistand, läßt sie einen großen Prozeß gewinnen.

1. Kelch-Bube.
2. Schwert-Bube.
3. Münz-Bube.

Die Konkurrenten und Gegner der Person lassen diese, durch das Mittel der Bestechung, ihre Sache verlieren, was ihr Vermögen und ihre Ruhe erheblich durcheinanderbringen wird.

1. Stab-Bube.
2. Münz-Bube.
3. Kelch-Bube.

Die Person erhält durch das Testament einer hochstehenden Persönlichkeit eine Erbschaft, womit sie den Rest ihres Lebens so verbringen kann, wie es ihr beliebt.

1. Stab-Bube.
2. Münz-Bube.
3. Schwert-Bube.

Durch falsche Freunde wird die Person eine ansehnliche Schenkung verlieren.

1. Stab-Bube.
2. Schwert-Bube.
3. Kelch-Bube.

In einem unerwarteten Moment wird die Person das Herz einer reichen Erbin — gegen die Gefühle ihrer Eltern — gewinnen, und dies wird zu ihrem Glück führen.

1. Stab-Bube.
2. Schwert-Bube.
3. Münz-Bube.

Die Person wird im Spiel eine Summe verlieren, die weit über ihren Verhältnissen liegt, und dieser Verlust wird ihr ganzes Ansehen in der Öffentlichkeit schmälern.

1. Stab-Bube.
2. Kelch-Bube.
3. Münz-Bube.

Die Person wird, im fremden Land eines Verwandten, eine Erbschaft machen, die ihr Glück bringen wird.

1. Stab-Bube.
2. Kelch-Bube.
3. Schwert-Bube.

Die Person wird durch Testament allen beweglichen Besitz eines Verwandten oder Freundes bekommen, der beträchtlich sein wird.

1. Münz-Bube.
2. Kelch-Bube.
3. Stab-Bube.

Die Person wird aufgrund ihres guten Verhaltens eine vorteilhafte Ehe eingehen. Nach der Heirat wird sie in ihren Verhältnissen sehr glücklich sein.

1. Münz-Bube.
2. Kelch-Bube.
3. Schwert-Bube.

Die Person folgt dem Rat von falschen Freunden, wodurch sie das Ergebnis ihrer Arbeit aus mehreren Jahren verlieren wird.

Im allgemeinen Sinn ist dies ein Hinweis, der Person zu mißtrauen, für die man die Karten legt.

1. Münz-Bube.
2. Stab-Bube.
3. Kelch-Bube.

Die Person wird Erfolg in der Liebe und in ihren Unternehmungen haben.

1. Münz-Bube.
2. Stab-Bube.
3. Schwert-Bube.

Die Indiskretion der betreffenden Person und die Eifersucht von anderen werden ihre Unternehmungen zu Fall bringen.

1. Münz-Bube.
2. Schwert-Bube.
3. Kelch-Bube.

Die Person wird kein Glück bei ihren Seereisen haben.

1. Münz-Bube.
2. Schwert-Bube.
3. Stab-Bube.

Die Person wird, durch eine Ungerechtigkeit, die sie selbst sehr wohl erkennt, mit Gewalt vorgehen, um etwas Ungesetzliches zu erreichen. Die Mühen und Kosten werden zu ihrem Schaden sein, und es wird ihr nichts als Verwirrung bleiben.

1. Schwert-Bube.
2. Kelch-Bube.
3. Stab-Bube.

Die Person wird im Ausland einen betrügerischen Freund wiederfinden, der ihr durch Gerichtsurteil das Vermögen zurückerstatten wird, das er ihr abgenommen hat.

1. Schwert-Bube.
2. Kelch-Bube.
3. Münz-Bube.

Die Person wird zweifachen Bankrott hinnehmen müssen.

1. Schwert-Bube.
2. Stab-Bube.
3. Kelch-Bube.

Die Person wird ein wertvolles Geschenk in Form von Schmuck erhalten.

1. Schwert-Bube.
2. Stab-Bube.
3. Münz-Bube.

Die Person wird auf Reisen ein wertvolles Schmuckstück verlieren.

1. Schwert-Bube.
2. Münz-Bube.
3. Kelch-Bube.

Die Person wird aus Unvorsichtigkeit ihre Geldbörse verlieren, was ihr viel Ärger bereiten wird.

1. Schwert-Bube.
2. Münz-Bube.
3. Stab-Bube.

Die Person wird für einige Zeit die Freundschaft eines Gönners verlieren, was ihr großen Schaden zufügen wird.

Drei Zehnen

1. Kelch-Zehn.
2. Münz-Zehn.
3. Stab-Zehn.

Die Person wird, durch die Hilfe von Verwandten und Freunden, in einem großen Geschäft Erfolg haben.

1. Kelch-Zehn.
2. Münz-Zehn.
3. Schwert-Zehn.

Die Auswirkungen von Neid und Feindseligkeit lassen die Person eines Geschäftes verlustig gehen, was sich sehr negativ auf ihr Geschick auswirken wird.

1. Kelch-Zehn.
2. Stab-Zehn.
3. Münz-Zehn.

Die Person wird, trotz Neid und Mißgunst, in einer Unternehmung eine beträchtliche Geldsumme verdienen.

1. Kelch-Zehn.
2. Stab-Zehn.
3. Schwert-Zehn.

Die Person wird in der Lotterie viel Geld gewinnen.

1. Kelch-Zehn.
2. Schwert-Zehn.
3. Stab-Zehn.

Die Person wird einen Prozeß oder ein Amt durch ihre Fähigkeiten gewinnen oder eine große Geldsumme im Handel verdienen, was ihr Glück bringen wird. Die Situation der betreffenden Person wird darüber entscheiden, welches dieser drei Dinge ihr zufallen wird.

1. Kelch-Zehn.
2. Schwert-Zehn.
3. Münz-Zehn.

Das Vertrauen, das die Person in ihre Freunde setzt, wird dazu führen, daß sie einen Teil ihres Besitzes verlieren wird.

1. Stab-Zehn.
2. Münz-Zehn.
3. Kelch-Zehn.

Die Person wird trotz Mißgunst einen Besitz oder eine Stellung zurückgewinnen, deren sie beraubt worden war.

1. Stab-Zehn.
2. Münz-Zehn.
3. Schwert-Zehn.

Die Person wird keinen Erfolg in ihren Geschäften oder Ämtern haben, obwohl sie sich lange und mit Recht um diese beworben hat.

1. Stab-Zehn.
2. Schwert-Zehn.
3. Kelch-Zehn.

Die Person wird mit Hilfe von Verwandten oder treuen Freunden eine sehr vorteilhafte Ehe eingehen.

1. Stab-Zehn.
2. Schwert-Zehn.
3. Münz-Zehn.

Die Wirkungen von Haß und Eifersucht lassen die Person eine begüterte Heirat oder ein solides Unternehmen verfehlen.

1. Stab-Zehn.
2. Kelch-Zehn.
3. Münz-Zehn.

Die Person wird einen wertvollen Gegenstand finden.

1. Stab-Zehn.
2. Kelch-Zehn.
3. Schwert-Zehn.

Ein Verwandter oder ein falscher Freund wird der Person kurz vor seinem Tod einen nicht unerheblichen Besitz zurückerstatten, mit dem er ihr ein Unrecht zugefügt hatte.

1. Münz-Zehn.
2. Kelch-Zehn.
3. Stab-Zehn.

Die Person wird durch den Tod eines Freundes, nach einer Frist von zwei Jahren und einigen Monaten, eine Erbschaft machen, die ihr Freude bereiten wird.

1. Münz-Zehn.
2. Kelch-Zehn.
3. Schwert-Zehn.

Die Person wird, durch Verurteilung oder den Rat eines Freundes, dazu verpflichtet, Schulden zu bezahlen, die sie nicht verursacht hat.

1. Münz-Zehn.
2. Stab-Zehn.
3. Kelch-Zehn.

Die Person wird, kurz nachdem die Karten gelegt wurden,

Neuigkeiten und die Rückerstattung eines Besitzes erhalten, worauf sie nicht mehr gerechnet hatte, was ihr große Freude verursachen wird.

1. Münz-Zehn.
2. Stab-Zehn.
3. Schwert-Zehn.

Die Person wird einige Jahre lang durch Angelegenheiten in Unruhe versetzt werden, welche die Treulosigkeit von Freunden oder Verwandten aufkeimen lassen.

1. Münz-Zehn.
2. Schwert-Zehn.
3. Kelch-Zehn.

Eine zum Himmel schreiende Ungerechtigkeit, die der Person zugefügt wird, ruft bei ihr eine langwierige Krankheit hervor.

1. Münz-Zehn.
2. Schwert-Zehn.
3. Stab-Zehn.

Durch eine Familiensache wird die Person viel Kummer erfahren.

1. Schwert-Zehn.
2. Kelch-Zehn.
3. Stab-Zehn.

Die Person wird Kinder haben, die eine für sie glückliche Situation herbeiführen.

1. Schwert-Zehn.
2. Kelch-Zehn.
3. Münz-Zehn.

Die Person wird, da sie offenherzig und allzu vertrauensselig vor der Zeit darüber gesprochen hat, einer Sache verlustig gehen, die ihr Glück bedeutet hätte.

1. Schwert-Zehn.
2. Stab-Zehn.
3. Kelch-Zehn.

Die Person wird mit wenig Geld, sondern nur durch ihre Arbeit in einer Sache Erfolg haben, die ihr das Glück ihres Lebens sichern wird.

1. Schwert-Zehn.
2. Stab-Zehn.
3. Münz-Zehn.

Die Person wird eine Seereise unternehmen, doch diese wird ihrer Ansicht nach keinen Erfolg haben durch ihre Indiskretion über den Stand ihrer geschäftlichen Angelegenheiten.

1. Schwert-Zehn.
2. Münz-Zehn.
3. Kelch-Zehn.

Das geringe Wissen, das die Person in einer Angelegenheit hat, die sie zu unternehmen wagt, wird sie sowohl ihren Besitz als auch ihren Ruf verlieren lassen.

1. Schwert-Zehn.
2. Münz-Zehn.
3. Stab-Zehn.

Die Person, die sich vertrauensvoll eines großes Besitzes erfreut, wird dessen in einem unerwarteten Augenblick durch die Auswirkungen von Haß und Mißgunst beraubt werden.

Drei Neunen

1. Kelch-Neun.
2. Münz-Neun.
3. Stab-Neun.

Die Person wird, trotz ihrer Neider, durch ihre Fähigkeiten und ihre Arbeit im Ausland ihr Glück machen, was für den Rest ihres Lebens ausreichen wird.

1. Kelch-Neun.
2. Münz-Neun.
3. Schwert-Neun.

Die Person wird getäuscht, und man raubt ihr den größten Teil ihres Besitzes.

1. Kelch-Neun.
2. Stab-Neun.
3. Münz-Neun.

Neuigkeiten über Güter, welche die Person aus dem Ausland erhalten wird und welche ihr den Weg zum Glück öffnen werden.

1. Kelch-Neun.
2. Stab-Neun.
3. Schwert-Neun.

Die Person wird im Ausland zu Besitz und Ehren kommen.

1. Kelch-Neun.
2. Schwert-Neun.
3. Stab-Neun.

Die Person wird ein beträchtliches Vermögen erben, das ihr ein Verwandter im Ausland bei seinem Tode hinterlassen wird.

1. Kelch-Neun.
2. Schwert-Neun.
3. Münz-Neun.

Die Person wird im Ausland zu höchsten Ämtern und Würden erhoben werden, worin sie unerbittlich behandelt wird; durch Handlungen der Gerechtigkeit wird sie jedoch bis zum Ende ihres Lebens darin ausharren können.

1. Stab-Neun.
2. Münz-Neun.
3. Kelch-Neun.

Die Person wird im Ausland einem sehr wohlhabenden Menschen begegnen, der sich jedoch in einem Zustand höchster Trauer befindet. Sie wird trotzdem das Mittel entdecken, jenem das verlorene Glück zurückzugeben.

1. Stab-Neun.
2. Münz-Neun.
3. Schwert-Neun.

Die Person wird durch zwei Fremde hinters Licht geführt werden.

1. Stab-Neun.
2. Schwert-Neun.
3. Kelch-Neun.

Die Person wird im Ausland einen beträchtlichen Gewinn in der Lotterie machen.

1. Stab-Neun.
2. Schwert-Neun.
3. Münz-Neun.

Fremde Dienstboten werden der Person Papiere und Geld stehlen.

1. Stab-Neun.
2. Kelch-Neun.
3. Münz-Neun.

Die Person wird in dem Augenblick, wo sie am wenigsten damit rechnet, ein wertvolles Geheimnis entdecken, das für sie nützlich sein wird.

1. Stab-Neun.
2. Kelch-Neun.
3. Schwert-Neun.

Durch ihre allzu große Lebhaftigkeit verliert die Person eine wertvolle Sache, was sie sehr bedauern wird.

1. Münz-Neun.
2. Kelch-Neun.
3. Stab-Neun.

Die Person macht im Ausland ein bestimmtes Vermögen und wird für den Rest ihres Lebens glücklich sein.

1. Münz-Neun.
2. Kelch-Neun.
3. Schwert-Neun.

Die Person wird im Ausland die Bewunderung einer hochgestellten Persönlichkeit finden, was ihr Glück bringt.

1. Münz-Neun.
2. Stab-Neun.
3. Kelch-Neun.

Die Person wird Besitzungen und Erbschaften im Ausland haben.

1. Münz-Neun.
2. Stab-Neun.
3. Schwert-Neun.

Durch die Treulosigkeit einer Vertrauensperson wird der oder die Betreffende Erbschaften oder Pensionen verlieren.

1. Münz-Neun.
2. Schwert-Neun.
3. Kelch-Neun.

Die Person wird einen Verlust durch Feuer hinnehmen müssen.

1. Münz-Neun.
2. Schwert-Neun.
3. Stab-Neun.

Die Person wird viele ihrer Güter durch Wasser verlieren, doch im Verlauf von vier Jahren wird ihr Vermögen wiederhergestellt sein.

1. Schwert-Neun.
2. Kelch-Neun.
3. Stab-Neun.

Der Tod von mehreren Verwandten wird unversehens die finanzielle Situation dieser Person zum Guten verändern.

1. Schwert-Neun.
2. Kelch-Neun.
3. Münz-Neun.

Tod und Krankheiten werden viele Veränderungen in den Verhältnissen und dem Vermögen der Person herbeiführen, und sie wird ins Ausland gehen, um ihre Verluste wiedergutzumachen.

1. Schwert-Neun.
2. Stab-Neun.
3. Kelch-Neun.

Zwei wohlhabende Personen und ein großer Kredit werden den Betreffenden zu Reichtum bringen.

1. Schwert-Neun.
2. Stab-Neun.
3. Münz-Neun.

Durch ihre Unbeständigkeit in der Liebe und allzu große Vertrauensseligkeit wird die Person eine größere Firma verlieren.

1. Schwert-Neun.
2. Münz-Neun.
3. Kelch-Neun.

Die Person wird für zwei ihrer Freunde bürgen, und als Folge daraus wird sie verpflichtet sein, für jene zu bezahlen.

1. Schwert-Neun.
2. Münz-Neun.
3. Stab-Neun.

Aufgrund ihres geistigen Leichtsinns und ihrer Unerfahrenheit in Geschäften wird die Person im Ausland einen Prozeß verlieren.

Drei Achten

1. Kelch-Acht.
2. Münz-Acht.
3. Stab-Acht.

Langes Leben und unerwarteter Wohlstand.

1. Kelch-Acht.
2. Münz-Acht.
3. Schwert-Acht.

Langes Leben, Wohlstand und Erfolge.

1. Kelch-Acht.
2. Stab-Acht.
3. Münz-Acht.

Langes Leben für die betreffende Person. Großes Ansehen und unterschiedlichste Ehrungen.

1. Kelch-Acht.
2. Schwert-Acht.
3. Stab-Acht.

Die Person wird bei Verwandten oder Freunden Unterstützung finden.

1. Kelch-Acht.
2. Schwert-Acht.
3. Münz-Acht.

Ihre Talente werden Neider anziehen.

1. Stab-Acht.
2. Münz-Acht.
3. Kelch-Acht.

Die Person wird sich völlig über den Neid und Haß täuschen, den man einsetzt, um sie in dem angesehenen und einträglichen Stand zu kränken, den sie einnimmt.

1. Stab-Acht.
2. Münz-Acht.
3. Schwert-Acht.

Das Leben der Person wird manchmal durch falsche Freunde oder Verwandte getrübt werden.

1. Stab-Acht.
2. Schwert-Acht.
3. Kelch-Acht.

Die Person wird lange leben und Erbschaften machen.

1. Stab-Acht.
2. Schwert-Acht.
3. Münz-Acht.

Die Auswirkungen des Ehrgeizes der betreffenden Person werden dazu führen, daß sich ihre Angelegenheiten in die Länge ziehen werden.

1. Stab-Acht.
2. Kelch-Acht.
3. Münz-Acht.

Die Person wird entweder im Krieg, in der Liebe oder bei gewagten Unternehmungen glückliche Vorkommnisse erleben.

1. Stab-Acht.
2. Kelch-Acht.
3. Schwert-Acht.

Die Person wird in ihren Geschäften oder Unternehmungen Erfolg haben.

1. Münz-Acht.
2. Kelch-Acht.
3. Stab-Acht.

Die Person wird eine Tochter von hoher Geburt heiraten.

1. Münz-Acht.
2. Kelch-Acht.
3. Schwert-Acht.

Langes Leben in Zwietracht mit der Gesellschaft.

1. Münz-Acht.
2. Stab-Acht.
3. Kelch-Acht.

Die Person wird Glück in der Gesellschaft und bei Handelsverträgen haben, zu Wasser ebenso wie zu Lande.

1. Münz-Acht.
2. Stab-Acht.
3. Schwert-Acht.

Die Person wird eine gewisse Zeit lang ein ruhiges und friedliches Leben führen; doch bald werden ihre Angelegenheiten durch schlechtes Verhalten durcheinandergeraten.

1. Münz-Acht.
2. Schwert-Acht.
3. Kelch-Acht.

Die Person wird Scharfsinn und Mut beisitzen, um die Fallen zu vermeiden, die ihr von Verrätern gestellt werden.

1. Münz-Acht.
2. Schwert-Acht.
3. Stab-Acht.

Die Person wird sich einer guten Gesundheit erfreuen und viel Freude auf der Welt haben. Alle ihre Unternehmungen werden ihr gelingen, und sie wird ihr Vermögen wachsen sehen.

1. Schwert-Acht.
2. Kelch-Acht.
3. Stab-Acht.

Die Gerechtigkeit der betreffenden Person, in Verbindung

mit ihren Talenten, wird sie bei denjenigen beliebt machen, die mit ihr Umgang haben.

1. Schwert-Acht.
2. Kelch-Acht.
3. Münz-Acht.

Die Person wird Annehmlichkeiten des Herzens und des Geistes haben.

1. Schwert-Acht.
2. Stab-Acht.
3. Kelch-Acht.

Langes Warten und langes Leben voller Hoffnung, dessen Ende von Glück gekrönt sein wird.

1. Schwert-Acht.
2. Stab-Acht.
3. Münz-Acht.

Langes, doch wenig erwünschtes Leben durch die Krankheiten, welche die betreffende Person im Alter beeinträchtigen werden.

1. Schwert-Acht.
2. Münz-Acht.
3. Kelch-Acht.

Die Person wird sich lange an Vergnügungen und Befriedigungen der Sinne erfreuen, die jedoch gefährliche Folgen haben werden.

1. Schwert-Acht.
2. Münz-Acht.
3. Stab-Acht.

Der Verrat wird dieser Person keinerlei Schaden zufügen können, und der Tod eines Verwandten wird ihr Glück bringen.

Drei Sieben

1. Kelch-Sieben.
2. Münz-Sieben.
3. Stab-Sieben.

Die Person wird eine Liebeskrankheit haben, die ein glückliches Ende finden wird.

1. Kelch-Sieben.
2. Münz-Sieben.
3. Schwert-Sieben.

Die Person wird verliebt und eifersüchtig sein, doch wird diese Krankheit durch Behandlung und Freundschaft vorübergehen.

1. Kelch-Sieben.
2. Stab-Sieben.
3. Münz-Sieben.

Die Anstrengungen der Eifersucht und des Hasses werden die Person krank machen, doch wird diese Krankheit nur von kurzer Dauer sein.

1. Kelch-Sieben.
2. Stab-Sieben.
3. Schwert-Sieben.

Die Person wird sich lange an den Früchten ihrer Arbeit erfreuen. Dann wird eine kurze Krankheit ihr Leben beenden.

1. Kelch-Sieben.
2. Schwert-Sieben.
3. Stab-Sieben.

Die Person wird die Wertschätzung, die Zuneigung und das Herz eines Wohltäters gewinnen, wodurch sie ein angenehmes Leben haben wird.

Die Protektion einer hochgestellten Persönlichkeit wird sich in all ihren Handlungen günstig für sie auswirken.

1. Kelch-Sieben.
2. Schwert-Sieben.
3. Münz-Sieben.

Der Ehrgeiz, viel Besitz haben zu wollen, wird bei dieser Person Anlaß zu Reue geben.

1. Stab-Sieben.
2. Münz-Sieben.
3. Schwert-Sieben.

Die Person wird im Dienste ihres Herrn verletzt werden und als Entschädigung für ihr Gebrechen eine Pension erhalten.

1. Stab-Sieben.
2. Münz-Sieben.
3. Kelch-Sieben.

Die Person wird, um Freunde zu verpflichten, ihre eigenen Angelegenheiten vernachlässigen; doch diese Freunde werden sich ihr gegenüber durch schnöden Undank erkenntlich zeigen.

1. Stab-Sieben.
2. Schwert-Sieben.
3. Kelch-Sieben.

Die Person wird bei einem Schiffbruch mit ihrem ganzen Besitz von zwei treuen Freunden oder Verwandten gerettet werden.

1. Stab-Sieben.
2. Schwert-Sieben.
3. Münz-Sieben.

Die Person wird durch Feuer einen Gewinn machen.

Dieser Gewinn wird entsprechend den Verhältnissen des oder der Betreffenden zu erklären sein.

1. Stab-Sieben.
2. Kelch-Sieben.
3. Münz-Sieben.

Ein Hund wird das Leben der Person retten, indem er sie aus den Händen von zwei Mördern befreit.

1. Stab-Sieben.
2. Kelch-Sieben.
3. Schwert-Sieben.

Ein Freund wird die Person bei einem Schicksalschlag mit Geldmitteln unterstützen.

1. Münz-Sieben.
2. Kelch-Sieben.
3. Stab-Sieben.

Nachdem die Person lange gegen eine Notlage angekämpft hat, die durch Neid verursacht wurde, wird sie durch eine Neugründung das Glück ihres Lebens machen.

1. Münz-Sieben.
2. Kelch-Sieben.
3. Schwert-Sieben.

Bevor die Person sich verheiratet, wird sie große geistige Qualen durchleben.

1. Münz-Sieben.
2. Stab-Sieben.
3. Kelch-Sieben.

Eine Schwangerschaft wird eine Beunruhigung für die Person darstellen.

1. Münz-Sieben.
2. Schwert-Sieben.
3. Kelch-Sieben.

Die Person wird durch Schwäche äußerst leiden unter einer Krankheit, die durch die Liebe verursacht wurden.

1. Münz-Sieben.
2. Schwert-Sieben.
3. Stab-Sieben.

Ein Bankrott wird die Person krank machen.

1. Schwert-Sieben.
2. Kelch-Sieben.
3. Stab-Sieben.

Die Person wird nach langer Qual das begehrte Objekt erlangen.

1. Schwert-Sieben.
2. Kelch-Sieben.
3. Münz-Sieben.

Nachdem die Person lange gelitten hat, wird sie endlich die gewünschten Vergünstigungen bekommen.

1. Schwert-Sieben.
2. Stab-Sieben.
3. Kelch-Sieben.

Die Person wird, durch Geld und die Hilfe von Freunden, Zufriedenheit und Wohlstand für ihre Sorgen und Mühen bekommen.

1. Schwert-Sieben.
2. Stab-Sieben.
3. Münz-Sieben.

Die Person wird, durch die Treulosigkeit von zwei angeblichen Freunden, einige Zeit lang ohne Arbeit bleiben.

1. Schwert-Sieben.
2. Münz-Sieben.
3. Kelch-Sieben.

Durch die Treulosigkeit von mehreren Freunden wird die Person Geld im Glücksspiel verlieren.

1. Schwert-Sieben.
2. Münz-Sieben.
3. Stab-Sieben.

Die Person wird nur ein einziges Mal in der Lotterie gewinnen, und dies wird eine anständige Summe sein.

Drei Zweien

1. Kelch-Zwei.
2. Münz-Zwei.
3. Stab-Zwei.

Eine Gruppe von wohlmeinenden Verwandten oder Freunden trägt dazu bei, der Person bei einer Unternehmung zu helfen, die ihr gelingen wird.

1. Kelch-Zwei.
2. Münz-Zwei.
3. Schwert-Zwei.

Falsche Freunde oder Verwandte werden sich zusammentun und die betreffende Person spürbar betrügen, doch sie wird Genugtuung erhalten.

1. Kelch-Zwei.
2. Stab-Zwei.
3. Münz-Zwei.

Die Person wird von einem Freund verraten, den sie für treu hielt, doch Zeit und Geduld werden sie rächen.

1. Kelch-Zwei.
2. Stab-Zwei.
3. Schwert-Zwei.

Die Person wird durch die Hilfe einer hochgestellten Persönlichkeit und eines Freundes Vergeltung an einem Feind üben können.

1. Kelch-Zwei.
2. Schwert-Zwei.
3. Stab-Zwei.

Die Person wird, durch einen treuen Freund, eine offene Tür für ihre Bemühungen finden und ihren Ehrgeiz befriedigen können.

1. Kelch-Zwei.
2. Schwert-Zwei.
3. Münz-Zwei.

Die Person wird, durch die Bemühungen eines Freundes, den Neid eines unehrlichen Verwandten entdecken, den sie betroffen aus ihrer Gesellschaft entfernen läßt.

1. Stab-Zwei.
2. Münz-Zwei.
3. Kelch-Zwei.

Die Person wird, unterstützt von einem Freund, die Zuneigung und Protektion einer hochgestellten Persönlichkeit wiedererlangen, die sie durch die Unwahrhaftigkeit eines Menschen verloren hatte, der auf ihr Glück neidisch war.

1. Stab-Zwei.
2. Münz-Zwei.
3. Schwert-Zwei.

Die Person läßt sich durch Schmeicheleien soweit verführen, daß sie zwei Verwandten oder wahren Freunden Unrecht tut.

1. Stab-Zwei.
2. Schwert-Zwei.
3. Kelch-Zwei.

Ein Freund, der dieser Person sehr zugetan ist, wird ihr durch Herzensgüte eine verbrecherische Angelegenheit enthüllen, die zwei falsche Freunde gegen sie im Schilde führen. Da die Person jedoch rechtzeitig gewarnt worden ist, werden sie nicht den Vorteil haben, den sie sich versprachen.

1. Stab-Zwei.
2. Schwert-Zwei.
3. Münz-Zwei.

Ein Freund wird die Partei der Person in einer Versammlung ergreifen, so daß sie sich gegen schlechte Manieren von Verwandten, Freunden, Gegnern und Neidern durchsetzen kann.

1. Stab-Zwei.
2. Kelch-Zwei.
3. Münz-Zwei.

Die Aufrichtigkeit eines Freundes enthüllt der Person den Neid eines anderen, den sie bis zu diesem Augenblick als ihren Vertrauten angesehen hat, und hilft ihr dabei, sich für den Rest ihres Lebens von jenem zu befreien.

1. Stab-Zwei.
2. Kelch-Zwei.
3. Schwert-Zwei.

Die Person ertappt einen Freund, in den sie ihr ganzes Vertrauen gesetzt hat, bei einem Unrecht.

1. Münz-Zwei.
2. Kelch-Zwei.
3. Stab-Zwei.

Die Person wird sich in der Stellung, die sie einnehmen wird, gegen Neid und seine Auswirkungen durchsetzen.

1. Münz-Zwei.
2. Kelch-Zwei.
3. Schwert-Zwei.

Durch die Auswirkung von Mißgunst und Haß wird die Person einen Teil ihrer Ämter, Geschäfte oder Güter einbüßen.

1. Münz-Zwei.
2. Stab-Zwei.
3. Kelch-Zwei.

Die Person wird die Gunst ihrer Freunde oder Verwandten zurückgewinnen, und diese Versöhnung wird ihr viele Wohltaten von seiten der Betreffenden einbringen.

1. Münz-Zwei.
2. Stab-Zwei.
3. Schwert-Zwei.

Die Person wird einen treuen und wohltätigen Freund durch den Verrat von Menschen verlieren, denen sie verpflichtet ist.

1. Münz-Zwei.
2. Schwert-Zwei.
3. Kelch-Zwei.

Die Person wird in einem Teil ihres Besitzes behelligt werden. Sie wird darüber bekümmert sein, doch mit dem Schutz, der ihr gewährt wird, Rückerstattungen und Wiedergutmachungen für die Schäden bekommen.

1. Münz-Zwei.
2. Schwert-Zwei.
3. Stab-Zwei.

Die Person wird durch Eifersucht zum Feind ihres besten Freundes und wird Anlaß haben, dies zu bereuen.

1. Schwert-Zwei.
2. Kelch-Zwei.
3. Stab-Zwei.

Die Person erhält durch die Bemühungen eines Freundes eine Schuld zurück, mit der man ihr den Bankrott gemacht hat.

1. Schwert-Zwei.
2. Kelch-Zwei.
3. Münz-Zwei.

Die Person wird einen Besitz verlieren, den sie einer Vertrauensperson in Verwahrung gegeben hat, und dies wird ihr erheblichen Schaden zufügen.

1. Schwert-Zwei.
2. Stab-Zwei.
3. Kelch-Zwei.

Die Person wird als Hinterlassenschaft von ihren geizigen Verwandten Geld und Grundbesitz bekommen.

1. Schwert-Zwei.
2. Stab-Zwei.
3. Münz-Zwei.

Die Person, deren guter Ruf befleckt wird in Anwesenheit eines Freundes, der ihre Verteidigung ergreift, wird wegen ihrer Unverschämtheit bestraft.

1. Schwert-Zwei.
2. Münz-Zwei.
3. Kelch-Zwei.

Die Person wird vor großer Versammlung von Neidern gedemütigt.

1. Schwert-Zwei.
2. Münz-Zwei.
3. Stab-Zwei.

Dienstboten des Vertrauens werden die Person um die Werte einer großen Auszeichnung bringen.

Drei Asse

1. Kelch-As.
2. Münz-As.
3. Stab-As.

Die Person wird die Achtung und das Vertrauen einer hochgestellten Persönlichkeit gewinnen, wodurch sich ihr Vermögen vergrößern wird.

1. Kelch-As.
2. Münz-As.
3. Schwert-As.

Die Person wird von einem Freund ihres Vertrauens getäuscht werden, der sich auf ihre Kosten bereichern wird.

1. Kelch-As.
2. Stab-As.
3. Münz-As.

Die Person wird einen von falschen Freunden geplanten Verrat entdecken. Diesen wird sie zur Rechtfertigung ihren gemeinsamen Vorgesetzten mitteilen, die den Verrätern äußerst mißtrauen und von nun an die Person ihres Vertrauens ehren werden.

1. Kelch-As.
2. Stab-As.
3. Schwert-As.

Eine Geburt wird für die Person Freude und Wohlstand mit sich bringen.

1. Kelch-As.
2. Schwert-As.
3. Stab-As.

Durch Zufall wird die Person die Wertschätzung eines Herrschers erlangen, die sie reich und angesehen machen wird.

1. Kelch-As.
2. Schwert-As.
3. Münz-As.

Die Person wird in einem Garten oder Wald einen glücklichen Fund machen, der sie für den Rest ihres Lebens angenehme Tage verbringen läßt.

1. Stab-As.
2. Münz-As.
3. Kelch-As.

Die Person wird, mit der Hilfe von wahren Freunden, viele vorteilhafte Dinge bekommen.

1. Stab-As.
2. Münz-As.
3. Schwert-As.

Die Person wird weder in der Liebe noch in der Freundschaft Glück finden.

1. Stab-As.
2. Schwert-As.
3. Kelch-As.

Die Person wird von allen geliebt werden, mit denen sie Umgang hat, und von ihnen Wohltaten empfangen.

1. Stab-As.
2. Schwert-As.
3. Münz-As.

Die Person wird mit Undank belohnt für Geld, das sie zinslos verliehen hat.

1. Stab-As.
2. Kelch-As.
3. Münz-As.

Die Person wird eine riesige Geldsumme in der Lotterie gewinnen.

1. Stab-As.
2. Kelch-As.
3. Schwert-As.

Die Person wird durch Geschenke das Herz eines jungen Menschen gewinnen. Sie wird dadurch Freude und einen wichtigen Dienst in einem Fall von dringender Notwendigkeit bekommen.

1. Münz-As.
2. Kelch-As.
3. Stab-As.

Die Person wird eine Geldsumme und viele weitere Dinge erben, die ihre Unternehmungen einträglich werden lassen.

1. Münz-As.
2. Kelch-As.
3. Schwert-As.

Die Person wird von ihren Verwandten oder Mitarbeitern aufgrund von Mißgunst und Eigennutz eine grausame Behandlung erfahren.

1. Münz-As.
2. Stab-As.
3. Kelch-As.

Ehre und Gerechtigkeit werden den Verdiensten dieser Person erwiesen. Dem werden sich Beförderung, Reichtum und alle erdenklichen Auszeichnungen anschließen.

1. Münz-As.
2. Stab-As.
3. Schwert-As.

Die aufrichtige Freundschaft einer Frau wird durch die Auswirkungen der Eifersucht Feuer an das Haus der Person legen, und sie wird durch einen treuen Freund vor diesem Unglück bewahrt werden.

1. Münz-As.
2. Schwert-As.
3. Kelch-As.

Undankbarkeit und Eigennutz von vermeintlichen Freunden werden die Bemühungen der Person eine Zeitlang erfolglos machen. Oft wird die Last ihrer beschwerlichen Geschäfte, verbunden mit Geduld und Mut, sie jedoch triumphieren lassen.

1. Münz-As.
2. Schwert-As.
3. Stab-As.

Angenehme Neuigkeiten über eine Erbschaft, auf die man eine Zeitlang hatte verzichten müssen.

1. Schwert-As.
2. Kelch-As.
3. Stab-As.

Die Person wird nachdrücklich um eine bessere Situation als ihre jetzige ersuchen, und ihre Bitten werden nach Wunsch zum Erfolg führen.

1. Schwert-As.
2. Kelch-As.
3. Münz-As.

Die Person wird sich zwei Menschen anvertrauen, die sie um einen großen Teil ihres Besitzes betrügen werden, den sie ihnen in Verwahrung gegeben hat.

1. Schwert-As.
2. Stab-As.
3. Kelch-As.

Die Person wird Genugtuung wegen einer Ungerechtigkeit erhalten, die ihr viel Kummer bereitet hat. Diese Genugtuung, verbunden mit einem beträchtlichen Gewinn, wird ihre Ehre wiederherstellen.

1. Schwert-As.
2. Stab-As.
3. Münz-As.

Die Auswirkungen von Falschmeldungen werden der Person heißen Kummer zufügen.

1. Schwert-As.
2. Münz-As.
3. Kelch-As.

Die Person, die von Natur aus einen guten und wohltätigen Charakter hat, wird mehrere Menschen in eine glückliche Situation erheben, die sogar ihre Hoffnungen übertreffen wird; doch die meisten werden ihr dies mit Undank vergelten.

1. Schwert-As.
2. Münz-As.
3. Stab-As.

Die Person wird sich Neider durch ihre Fähigkeiten, Verdienste und Leistungen schaffen. Sie wird einige Demütigungen erfahren, die jedoch durch Gerechtigkeit ausgelöscht werden.

Kapitel 5

DAS ZUSAMMENTREFFEN VON ARKANA UND ZAHLEN

Die astrologisch-numerologische Tafel

Eine Kartenlegerin, die das Tarot nach seinen Geheimnissen befragen will, darf ebenso wie ein Philosoph, der dieses alte Buch der ursprünglichen Wissenschaften zu Rate ziehen möchte, nicht vergessen, daß die Verbindung von Bildzeichen und Zahlen wertvolle Hinweise geben kann.

Wir raten daher jedem ernsthaft Praktizierenden, eine großformatige Reproduktion der nebenstehenden Tafel anzulegen.

Diese Tafel stellt die drei Aspekte von jedem der 12 astrologischen Häuser dar. Ein Arkanum des Tarot, das in eines dieser 36 Felder zu liegen kommt, erhält eine neue Bedeutung, die sich im Zweifelsfall als wertvoll erweisen kann. Der Gebrauch dieser astrologischen Tafel sollte jede etwas vertieftere Beschäftigung mit der Kartomantie abrunden.

Diese Tafel ist nach der ägyptischen Urform rekonstruiert worden, doch da bestimmte Autoren ältere Untersuchungen übernehmen, ohne ihre Quellen anzugeben, ist in dieser Tafel ein kleiner Fehler enthalten. Dieser beeinträchtigt keineswegs die Zwecke der Weissagung, wird es jedoch ermöglichen, jedes spätere Plagiat leicht zu entlarven.

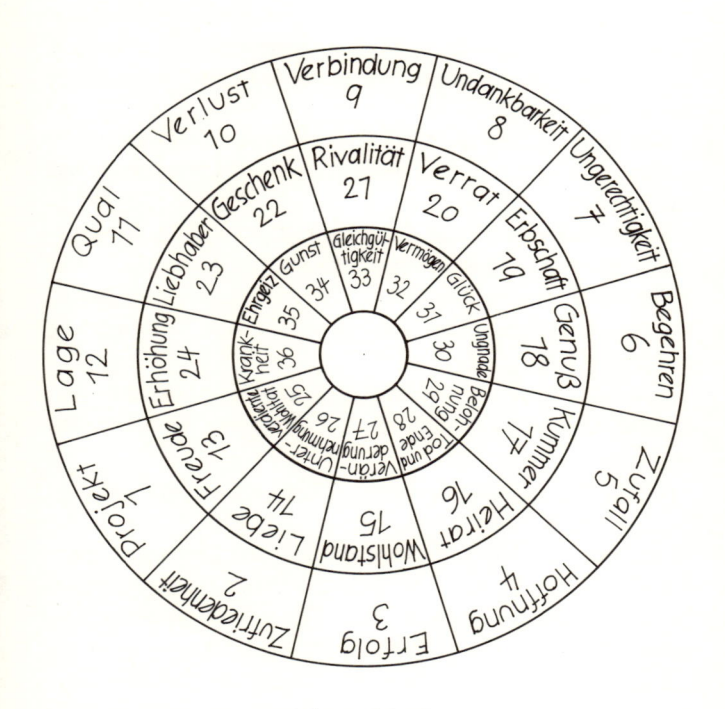

Rekonstruktion der
astrologisch-numerologischen Tafel
nach Papus

Die Zahl 1 bedeutet »Projekt«

Glückverheißender Erfolg in den Plänen und Unternehmungen, wenn sich eine Kelch-Karte auf dem Feld mit der Zahl 1 befindet. Die drei sie umrahmenden Karten werden die Geschehnisse noch eingehender erklären, wenn man sie einzeln befragt.

Eine Stab-Karte auf Feld 1 zeigt an, daß zuverlässige Personen sich für den Erfolg der bestehenden Projekte einsetzen werden.

Eine Münz-Karte auf Zahl 1 kündigt große Schwierigkeiten in den Geschäften an, die durch Neid und Mißgunst verursacht werden. Die Karten, die das 1. Feld umgeben, werden Aufschluß über die Ursachen von Verzögerung oder Scheitern geben.

Eine Schwert-Karte auf dem gleichen Platz bedeutet Verrat und schlechte Erwartungen für die betreffende Person.

Die Zahl 2 bedeutet »Zufriedenheit«

Wenn sich eine Kelch-Karte auf Nummer 2 befindet, werden die Wünsche der betreffenden Person vom Himmel begünstigt sein und sich erfüllen. Die sie begleitenden Karten unterrichten über Wirkungen, Ereignisse usw.

Eine Stab-Karte auf diesem Platz zeigt an, daß die Treue alles überwinden wird, um diejenige Person glücklich zu machen, für die das Horoskop gelegt wird. Die drei sie umrahmenden Karten werden die näheren Umstände erklären.

Eine Münz-Karte zeigt große Schwierigkeiten durch Eifersucht an, die zu überwinden sind. Die drei Karten, die dieses Feld umgeben, erklären die Ursachen der Verzögerung.

Eine Schwert-Karte zeigt Verrat und schlechte Aussichten an.

Die Zahl 3 bedeutet »Erfolg«

Man muß das Wort »Erfolg« im Hinblick auf seine Verhältnisse und nach Art des Unternehmens betrachten.

Eine Kelch-Karte auf Feld 3 wird glückliches Gelingen und günstigen Erfolg anzeigen. Die drei umrahmenden Karten werden die Ursachen dafür besser erklären, wenn man sie nach ihrem besonderen Wert befragt.

Eine Stab-Karte in Verbindung mit der Zahl 3 hat die Bedeutung, daß die betreffende Person mit der Hilfe von Freunden Erfolg haben und Neider fernhalten wird. Befragen Sie für eine ausführlichere Erklärung die drei angrenzenden Karten.

Eine Münz-Karte an dieser Stelle kündigt viele Schwierigkeiten an, die es im Hinblick auf Neider in den Unternehmungen zu überwinden gilt, und geringe Erfolge, obwohl die betreffende Person trotzdem die Verpflichtungen ihres Standes ehrenhaft erfüllen wird.

Eine Schwert-Karte zeigt der betreffenden Person, daß sie verraten wird, was den Erfolg in ihren Projekten verhindern wird. Die drei umgebenden Karten werden dies eingehender erklären.

Die Zahl 4 bedeutet »Hoffnung«

Eine Kelch-Karte auf Zahl 4 sagt voraus, daß die Hoffnungen des oder der Betreffenden auf Glück und Erfolg sich erfüllen werden. Die drei Karten des Umfeldes informieren noch mehr über die Geschehnisse.

Eine Stab-Karte zeigt an, daß die betreffende Person durch Arbeit und mit der Unterstützung ihrer Freunde all ihre Hoffnungen erfüllt sehen wird.

Eine Münz-Karte auf Zahl 4 hat die Bedeutung von kaum begründeten Hoffnungen, die sich allesamt als nichtig erweisen werden.

Eine Schwert-Karte am gleichen Platz zeigt Hoffnungen an, die man sich törichterweise gemacht hat oder die von Grund auf durch Verrat zerstört worden sind. Die drei umgebenden Karten werden dies besser erklären.

Die Zahl 5 bedeutet »Zufall«

Als »Zufall« muß man einen Gewinn in der Lotterie, beim Kartenspiel oder bei anderen Spielen betrachten, ebenso das Auffinden von verborgenen Schätzen, die Begegnung mit Menschen, zu denen man eine Liebesbeziehung eingeht, zu Wohltätern oder Dieben, und gleichfalls ein Verlust durch Wasser oder Feuer.

Eine Kelch-Karte auf der Zahl 5 bezeichnet einen glücklichen Zufall, wodurch die Person zu Geld kommt und ihr Stand großes Ansehen gewinnt. Die drei angrenzenden Karten werden dies detaillierter erklären.

Eine Stab-Karte mit dieser Zahl kündigt der betreffenden Person an, daß der Zufall, unterstützt von Freunden oder Gönnern, sie in eine bessere Lage versetzen wird, womit sie sehr viel Erfolg haben wird.

Eine Münz-Karte zeigt, daß der Zufall ihr eine Liebesbeziehung, einen Wohltäter, Wohlstand durch eine Reise, Erbschaften und Neuigkeiten von Verwandten bescheren wird. Dazu sollen die drei angrenzenden Karten sowie die Karte auf der Zahl 17 mit den vier sie einrahmenden Karten nach ihrer einzelnen und gemeinsamen Bedeutung überprüft werden. Dabei sind die Kelche als gute Verwandte anzusehen, die Stäbe als treue Freunde, die Münzen als eine merkwürdige Sache und die Schwerter als schlechte Verwandte oder Freunde mit unheilvoller Vorbedeutung.

Wenn sich eine Schwert-Karte auf Platz 5 befindet, so wird sie einen unglücklichen Zufall anzeigen, wie Diebstahl, Bankrott und Verluste durch Feuer oder Wasser.

Die Zahl 6 bedeutet »Begehren«

Als Gegenstand des Begehrens können beispielsweise betrachtet werden: Geld, Mätressen, Liebhaber, Erbschaft, Nachlaß, Besitz, Verbindung, Heirat, Entdeckungen und besondere Fähigkeiten.

Eine Kelch-Karte in Verbindung mit der Zahl 6 zeigt an, daß die Person den Gegenstand ihres heißesten Wunsches auf glückliche Weise erfüllt sehen wird.

Eine Münz-Karte mit dieser Zahl zeigt an, daß man den Neid zum Schweigen bringen und eigennützige Personen zufriedenstellen muß, um das gewünschte Ziel zu erreichen.

Eine Schwert-Karte mit der Zahl 6 weist den Betreffenden darauf hin, daß sein Begehren keinerlei Erfüllung finden wird. Die drei sie umrahmenden Karten unterrichten über alle Geschehnisse.

Die Zahl 7 bedeutet »Ungerechtigkeit«

Das Wort »Ungerechtigkeit« bezieht sich auf unverdiente Ursachen, sei es durch Verlust von Orten, von Prozessen, der Wertschätzung von Wohltätern durch falsche Aussagen oder schlechte Auslegung von anvertrauten Dingen.

Wenn sich in diesem Fall eine Kelch-Karte auf Feld 7 befindet, so zeigt sie der betreffenden Person an, daß die ihr zugefügte Ungerechtigkeit zu ihrer vollen Zufriedenheit wiedergutgemacht werden wird. Für weitergehende Informationen sollte man die angrenzenden Karten befragen.

Eine Stab-Karte auf Nummer 7 zeigt an, daß der oder die Betreffende gemeinsam mit Freunden alle Hebel in Bewegung setzen muß, um die Wiederherstellung des Ansehens zu erreichen, was ihm nach dem Recht seines Gesuchs gewährt werden wird. Befragen Sie die drei benachbarten Karten nach diesen Zukunftsaussichten.

Eine Münz-Karte auf der Zahl 7 zeigt an, daß die betreffende Person Geschenke einsetzen muß, um sich eine ehrenwerte Wiedergutmachung der Ungerechtigkeit zu verschaffen, die ihr zugefügt worden ist. Für die Zukunftsaussichten sind die Hinweise heranzuziehen, welche die drei nächstliegenden Karten geben.

Eine Schwert-Karte in Verbindung mit der Zahl 7 bezeichnet, daß die dem Betreffenden widerfahrene Ungerechtigkeit durch nichts ausgelöscht werden kann und daß er, wenn er vermeiden will, daß jene noch größer wird, sich den Anschein geben muß, sie zu vergessen und darüber zu schweigen.

Die Zahl 8 bedeutet »Undankbarkeit«

Undankbarkeit hat ihre natürlichen und erzwungenen Ursachen, beispielsweise: einem Menschen Geld zu leihen, der nicht in der Lage ist, dieses zurückzuzahlen, und es dann mit Härte oder auf gerichtlichem Weg zurückzufordern; oder aus Herzensgüte einen treulosen Menschen einzustellen und ihm damit die Gelegenheit zum Undank zu geben, indem man ihm einen Platz einräumt, wo er Schaden anrichten kann. Wir dürfen uns folglich nicht über die Undankbarkeit der Menschen beklagen, denn allermeistens sind wir es selbst, die wir ihnen durch allzu großes Vertrauen die Möglichkeit dazu geben.

Eine Kelch-Karte auf der Zahl 8 zeigt an, daß dem oder der Betreffenden umfassende Gerechtigkeit von Personen widerfahren wird, die ihn durch Undankbarkeit gekränkt haben.

Eine Münz-Karte kündet an, daß Neid und Mißgunst die einzige Ursache für Undankbarkeit ist, die man erhalten wird.

Eine Schwert-Karte auf dem Feld 8 weist darauf hin, daß der oder die Betreffende von den gleichen Personen verraten wird, denen sie sehr verpflichtet ist; um größeres Übel zu vermeiden, muß sie demgegenüber gleichgültig erscheinen, dazu schweigen und den Undankbaren selbst Gutes tun.

Zu allen obenstehenden Bemerkungen werden die drei jeweils angrenzenden Karten über nähere Einzelheiten informieren.

Die Zahl 9 bedeutet »Verbindung«

Eine Kelch-Karte auf der Zahl 9 zeigt der betreffenden Person an, daß alle Verbindungen ihren Wünschen gemäß erfolgreich sein werden.

Eine Stab-Karte mit dieser Zahl bedeutet, daß die Verbindungen durch Arbeit und mit der Hilfe von Freunden nutzbringend werden.

Eine Münz-Karte zeigt in diesem Falle an, daß die Eifersucht den Betreffenden in seinen Verbindungen leiden läßt.

Eine Schwert-Karte mit der Zahl 9 bedeutet, daß die Verbindung das Glück der anderen und nicht das eigene Glück bewirken wird. Die drei benachbarten Karten werden dies genauer erläutern.

Unter »Verbindung« versteht man alles, was eintreten kann, wie: Heirat, Handelsgesellschaft, Geschäftsbeziehung, Zusammenschluß zu bestimmten Unternehmungen usw. — dies alles im Hinblick auf die Verhältnisse und Hoffnungen der Personen, für die man die Karten legt.

Die Zahl 10 bedeutet »Verlust«

Eine Kelch-Karte in Verbindung mit der Zahl 10 zeigt der betreffenden Person an, daß sie Gönner verlieren wird, was für sie deutlich bemerkbar sein wird.

Eine Stab-Karte mit dieser Zahl bedeutet, daß man treue Freunde verliert, die unsere Hoffnungen durchkreuzen.

Eine Münz-Karte zeigt den Verlust von Gütern an, das heißt, von Geld, Land, einer Erbschaft oder legitimen Forderung, von Möbel- oder Schmuckstücken usw.

Eine Schwert-Karte zeigt der betreffenden Person einen großen Zinsverlust an. Will man sich genauer über die Art dieser Verluste informieren, so muß man dafür die vier angrenzenden Karten zu Rate ziehen.

Die Zahl 11 bedeutet »Qual«

Eine Kelch-Karte auf der Zahl 11 hat die Bedeutung, daß die betreffende Person, verursacht durch die Liebe oder ihre eigenen Verwandten, heftigen Kummer haben wird.

Eine Stab-Karte in Verbindung mit der Zahl 11 stellt Qualen in der Freundschaft dar.

Eine Münz-Karte zeigt der Person an, daß sie großen Kummer in ihren materiellen Interessen erleiden wird. Die benachbarten Karten werden genauer erklären, von welcher Art diese sind.

Eine Schwert-Karte auf der Zahl 11 besagt, daß die Person Qualen ausgesetzt sein wird, die durch Mißgunst und Verrat hervorgerufen worden sind.

Die Zahl 12 bedeutet »Lage«

Eine Kelch-Karte auf der Zahl 12 zeigt der Person an, daß sich ihre Lage von Tag zu Tag verbessern wird.

Eine Stab-Karte mit besagter Zahl bedeutet, daß durch Fleiß, Arbeit und die Hilfe von treuen Freunden Wachstum und Wohlstand eintreten werden.

Eine Münz-Karte zeigt an, daß man durch Eifersucht in eine Lage gerät, die schwer zu ertragen sein wird.

Eine Schwert-Karte in Verbindung mit derselben Zahl bedeutet einen allgemeinen Niedergang in den Verhältnissen. Man muß jedoch beachten, daß dies nur für den Zeitraum gilt, auf den sich das Kartenlegen bezieht.

Die Zahl 13 bedeutet »Freude«

Eine Kelch-Karte auf dieser Zahl bedeutet, daß die Person eine reine, angenehme und sehr nutzbringende Freude verspüren wird.

Eine Stab-Karte zeigt einen Zuwachs an Vermögen durch die Dienste von treuen Freunden an.

Eine Münz-Karte in Verbindung mit der Zahl 13 bedeutet, daß die betreffende Person äußerst erfreut sein wird, trotz Neidern eine bestimmte Sache erreicht zu haben.

Eine Schwert-Karte zeigt an, daß die Person ein Übermaß an Freude empfinden wird, weil sie ihren Vorgesetzten von Nutzen sein konnte, wodurch sich ihre Vermögensverhältnisse verbessern.

Die Zahl 14 bedeutet »Liebe«

Eine Kelch-Karte auf Platz 14 zeigt an, daß die Person Glück in der Liebe finden wird.

Eine Stab-Karte ist für die Person ein Hinweis darauf, daß man ihr in der Liebe treu sein wird.

Eine Münz-Karte ist ein Zeichen dafür, daß die Liebe von Eifersucht getrübt sein wird.

Eine Schwert-Karte in Verbindung mit derselben Zahl bezeichnet einen Verrat in der Liebe. Die vier angrenzenden Karten werden über die Ereignisse genauer unterrichten.

Die Zahl 15 bedeutet »Wohlstand«

Eine Kelch-Karte auf der Zahl 15 zeigt künftigen Wohlstand auf legitimem Wege an.

Eine Stab-Karte bedeutet, daß die betreffende Person durch Intelligenz, Klugheit und die Unterstützung von treuen Freunden einen mehr als ausreichenden Gewinn machen wird, um in ordentlichen Verhältnissen zu leben.

Eine Münz-Karte zeigt ein Schwinden des Vermögens durch die Auswirkungen von Mißgunst an.

Eine Schwert-Karte auf derselben Zahl bedeutet, daß die Folgen von Haß und Treulosigkeit den Wohlstand der Person, für die man die Karten legt, zunichte machen werden.

Die Zahl 16 bedeutet »Heirat«

Man muß das Thema »Heirat« im Hinblick auf sich selbst befragen, wenn man sich in der Situation befindet, diese eingehen zu können. Wenn man bereits verheiratet oder nicht im entsprechenden Alter ist, muß man die Zahl 16 als zugehörig für nahe Verwandte oder Gönner betrachten, während sich die positiven oder negativen Wirkungen bis hin zu der Person ausdehnen, für die man die Karten legt.

Eine Kelch-Karte zeigt Glück in der Ehe durch gegenseitige Liebe an.

Eine Stab-Karte bedeutet, daß die Person mit der Unterstützung von Freunden eine reiche und angenehme Ehe eingehen wird.

Eine Münz-Karte zeigt an, daß die Ehe von Eifersucht getrübt sein wird.

Eine Schwert-Karte in Verbindung mit derselben Zahl bedeutet, daß es durch Neid und Verrat nicht zu einer reichen Heirat kommen wird.

Die Zahl 17 bedeutet »Kummer«

Eine Kelch-Karte auf der Zahl 17 zeigt Herzenskummer an, der jedoch nicht von langer Dauer sein wird.

Eine Stab-Karte auf diesem Feld weist auf Kummer mit einem Freund hin und läßt sich nur durch Versöhnung wieder auslöschen. Eine Münz-Karte zeigt der betreffenden Person Kummer an, der durch die Auswirkungen von Eifersucht hervorgerufen wurde.

Eine Schwert-Karte wird für die betreffende Person einen sehr schmerzlichen Kummer darstellen, der durch Verrat ausgelöst wurde.

Die Zahl 18 bedeutet »Genuß«

Eine Kelch-Karte auf Zahl 18 zeigt an, daß die Liebesbeziehungen dieser Person von gegenseitigem Begehren und Genuß ohne Reue begleitet sein werden.

Eine Stab-Karte bedeutet, daß der oder die Betreffende durch eigene Bemühungen, ein zuvorkommendes Wesen und die Unterstützung von Freunden das Herz und die Gefühle einer geliebten Person besitzen wird.

Eine Münz-Karte zeigt stürmischen Genuß an, der von den Wirkungen der Eifersucht getrübt, jedoch ohne irgendeinen unerfreulichen Vorfall enden wird.

Eine Schwert-Karte in Verbindung mit derselben Zahl kündet von Genuß, der zum Bruch bereit ist und nur von kurzer Dauer sein wird.

Die Zahl 19 bedeutet »Erbschaft«

Eine Kelch-Karte auf der Zahl 19 zeigt an, daß die Person eine legitime und sehr beträchtliche Erbschaft machen wird.

Eine Stab-Karte mit besagter Zahl bedeutet, daß Freunde der Person einen Teil ihres Vermögens hinterlassen werden.

Eine Münz-Karte zeigt an, daß Neid und Eigennutz falscher Freunde oder Verwandten die Person den Großteil einer legitimen Erbschaft einbüßen läßt, die ihr zugefallen ist.

Eine Schwert-Karte zeigt an, daß die Person durch Verrat das Vermögen aus einer Erbschaft oder eine Schenkung durch das Testament eines Gönners verlieren wird.

Die Zahl 20 bedeutet »Verrat«

Eine Kelch-Karte auf der Zahl 20 zeigt der Person an, daß das Übel, welches ihr durch Verrat zugefügt werden sollte, auf den Verräter zurückfallen wird.

Eine Stab-Karte bedeutet für die Person, daß sie mit der Hilfe von treuen Freunden vor einem sehr großen Verrat bewahrt bleiben wird, der ihre Situation völlig verändert hätte.

Eine Münz-Karte auf demselben Platz zeigt an, daß die Person Verrat durch Eifersucht erleiden wird; dies wird sie sehr bekümmern, mit der Zeit jedoch in Vergessenheit geraten.

Eine Schwert-Karte wird für die betreffende Person Verrat in ihren Hoffnungen durch Verleumdung bedeuten, wodurch sie Freunde verlieren wird.

Die Zahl 21 bedeutet »Rivalität«

Der »Rivale« oder die »Rivalin« ist in der Liebe als Liebhaber oder Geliebte zu sehen und im Hinblick auf Besitz und Vermögen als Konkurrenz für die Aussichten der betreffenden Person.

Eine Kelch-Karte auf die Zahl 21 kündet an, daß die Person den Vorzug vor ihren Rivalen zu ihrer vollständigen Zufriedenheit haben wird.

Eine Stab-Karte hat für diese Person die Bedeutung, daß ihr persönliches Verdienst, verbunden mit guten Diensten durch wahre Freunde, ihr einen Sieg über ihre Rivalen oder Rivalinnen einbringen wird.

Eine Münz-Karte auf der Zahl 21 zeigt an, daß die Rivalen dieser Personen durch Mißgunst und Intrigen einen Teil der Vergünstigungen erlangen werden, um die sie selbst ersucht hat.

Eine Schwert-Karte mit derselben Zahl bedeutet, daß die

betreffende Person völlig in Ungnade fällt und ihre Vergünstigungen gänzlich ihren Rivalen gewährt werden.

Die Zahl 22 bedeutet »Geschenk«

Eine Kelch-Karte auf der Zahl 22 bedeutet, daß die Person wertvolle Geschenke über ihre Erwartungen empfangen wird.

Eine Stab-Karte kündet von eigennützigen Geschenken, die der Person aus selbstsüchtigen Motiven gegeben werden.

Eine Münz-Karte mit dieser Zahl versinnbildlicht ein niederträchtiges, verachtungswertes Gemüt, das durch das kleinste Geschenk zu bestechen ist.

Eine Schwert-Karte in Verbindung mit derselben Zahl zeigt hinterhältige Geschenke an, die von einer übelwollenden Person gemacht werden, um den Verdacht zu entkräften, man hätte das Recht, sich gegen sie zu stellen.

Die Zahl 23 bedeutet »Liebhaber«

Eine Kelch-Karte auf der Zahl 23 zeigt dem oder der Betreffenden an, daß er oder sie einen Liebhaber oder eine Geliebte von gutem Charakter und mit großer Zuneigung haben wird; dieselbe Bedeutung gilt für Freunde.

Eine Stab-Karte stellt einen treuen Geliebten oder eine Geliebte von guter Herkunft dar. Sie haben die Neigung, der betreffenden Person Gutes zu tun; dieselbe Bedeutung gilt für Freunde.

Eine Münz-Karte in Verbindung mit der Zahl 23 weist darauf hin, daß die betreffende Person einen Liebhaber oder eine Geliebte haben wird, die zu Eifersucht fähig sind und sie durch ihre Verdächtigungen und ihr schmollendes Verhalten in Verlegenheit bringen. Außerdem zeigt diese Karte an, daß man neidische, mißtrauische und selbstsüchtige Freunde haben wird.

Eine Schwert-Karte kündigt an, daß die betreffende Person einen arglistigen, egoistischen, rachsüchtigen und leichtfertigen Liebespartner haben wird. Dasselbe gilt, wenn es sich um einen Freund handelt.

Die Zahl 24 bedeutet »Erhöhung«

Das Wort »Erhöhung« muß im Sinne eines glücklichen Zufalls betrachtet werden, auch wenn sie für die betreffende Person vorherbestimmt ist.

Eine Kelch-Karte auf der Zahl 24 kündigt an, daß die Person in einen Stand weit über ihre Erwartungen erhoben wird, der sie zum Gegenstand der Bewunderung und Wertschätzung angesehener Menschen macht.

Eine Stab-Karte wird der Person verdeutlichen, daß sie durch ihr Pflichtbewußtsein und durch die Hilfe treuer Freunde eine Erhöhung erfahren wird, die von Reichtum begleitet ist.

Eine Münz-Karte hat für die betreffende Person die Bedeutung, daß ihre Erhöhung durch Mißgunst lange aufgeschoben wird.

Eine Schwert-Karte zeigt ihr an, daß Verrat ihre Erhöhung unaufhörlich beeinträchtigen wird.

Die Zahl 25 bedeutet »verdiente Wohltat«

Eine Kelch-Karte auf der Zahl 25 zeigt an, daß die betreffende Person die verdiente und von ihren Vorgesetzten versprochene oder erwartete Belohnung erhalten wird.

Eine Stab-Karte bedeutet, daß die Person durch Freunde in den Genuß verdienter Wohltaten kommen wird.

Eine Münz-Karte in Verbindung mit der Zahl 25 zeigt an, daß man aufgrund von Eifersucht große Mühe dabei haben wird, seine Ansprüche anzumelden, um die verdiente Wohltat zu erhalten, doch nur einen Teil davon erreichen wird.

Eine Schwert-Karte macht dem oder der Betreffenden deutlich, daß aufgrund von Verrat ein anderer die verdiente Wohltat erhalten wird.

Die Zahl 26 bedeutet »Unternehmung«

Eine Kelch-Karte auf der Zahl 26 zeigt der Person an, daß alle ihre Unternehmungen glücklich verlaufen werden.

Eine Stab-Karte bedeutet, daß man Hilfe von Freunden bei seinen Unternehmungen erhält und daß diese gewinnbringend sein werden.

Eine Münz-Karte in Verbindung mit dieser Zahl stellt dar, daß die Person durch Eifersucht und Eigennutz gestört wird, was sich sehr nachteilig auf den Erfolg ihrer Unternehmungen auswirkt.

Eine Schwert-Karte zeigt an, daß ein Großteil der Unternehmungen zum Nachteil ausschlagen werden, das heißt, diejenigen, die dazu dienen sollten, rasch das Vermögen zu vergrößern, nicht aber solche, die für die lebensnotwendigen Dinge sorgen.

Die Zahl 27 bedeutet »Veränderung«

Eine Kelch-Karte auf der Zahl 27 zeigt der betreffenden Person an, daß ihr eine glückliche Veränderung im Ansehen und Vermögen widerfahren wird.

Eine Stab-Karte in Verbindung mit dieser Zahl verdeutlicht der Person, daß sie durch die Dienste treuer Freunde eine Veränderung ihrer Stellung und ihres Vermögens erlangen wird.

Eine Münz-Karte kündigt an, daß die Wirkungen von Eifersucht die Stellung der Person zu ihrem Nachteil verändern werden.

Eine Schwert-Karte auf demselben Platz deutet darauf hin, daß der oder die Betreffende keinerlei Veränderung in seiner bzw. ihrer Situation erfahren wird.

Die Zahl 28 bedeutet »Tod und Ende«

Eine Kelch-Karte auf der Zahl 28 bedeutet, daß der Tod eines Verwandten oder Gönners das Vermögen derjenigen Person vergrößern wird, für die man das Horoskop legt.

Eine Stab-Karte zeigt der betreffenden Person an, daß einer ihrer Freunde ihr bei seinem Tod ein wohltätiges Andenken hinterläßt.

Eine Münz-Karte in Verbindung mit der betreffenden Zahl kündet dem Ratsuchenden den Tod eines Feindes an.

Eine Schwert-Karte deutet auf den Tod derjenigen Person hin, die dem Betreffenden das größte Übel in seinem Leben zugefügt hat.

Die Zahl 29 bedeutet »Belohnung«

Eine Kelch-Karte auf der Zahl 29 hat die Bedeutung, daß diese Person für ihren Fleiß, ihre Arbeit, ihre Treue oder ihre Anhänglichkeit mit Herzensgüte und Wertschätzung belohnt wird.

Eine Stab-Karte zeigt an, daß die Person durch die Dienste ihrer Freunde die Belohnung bekommen wird, die ihr zusteht und auf die sie all ihre Hoffnungen setzt.

Eine Münz-Karte zeigt dem Betreffenden an, daß seine Belohnung durch Mißgunst verzögert oder sogar vermindert wird.

Eine Schwert-Karte hat die Bedeutung, daß die versprochene oder erwartete Belohnung durch Verrat verlorengeht.

Die Zahl 30 bedeutet »Ungnade«

Eine Kelch-Karte auf der Zahl 30 zeigt der betreffenden Person an, daß sie in Ungnade fallen wird, was zu vergessen ihr keine Mühe bereiten wird.

Eine Stab-Karte in Verbindung mit dieser Zahl ist ein Anzeichen dafür, daß einem wohlwollenden Freund des Betreffenden ein Mißgeschick widerfahren wird, dessen Nachwirkungen er zu spüren bekommt.

Eine Münz-Karte deutet darauf hin, daß die Wirkungen des Neides dazu führen, die Person spürbar in Ungnade fallen zu lassen.

Eine Schwert-Karte hat die Bedeutung für diese Person, daß ein Freund ihres Vertrauens sie verraten wird und sie dadurch mehrfach in Ungnade fällt.

Die Zahl 31 bedeutet »Glück«

Eine Kelch-Karte auf der Zahl 31 zeigt unvorhergesehenes Glück an, was das Leben dieser Person angenehm machen wird.

Eine Stab-Karte zeigt an, daß die betreffende Person mit der Hilfe von Freunden von einem Glücksfall profitieren wird, wodurch sich ihr Vermögen beträchtlich vergrößert.

Eine Münz-Karte auf der Zahl 31 hat die Bedeutung, daß sich Neid und Ehrgeiz falscher Freunde für den Betreffenden vorteilhaft auswirken werden.

Eine Schwert-Karte zeigt dem Betreffenden an, daß er in einem Fall von dringender Notwendigkeit Unterstützung durch Freunde erfährt; das heißt beispielsweise, daß es Personen geben wird, die ihm nach dem Leben trachten, und daß der Anschlag, von dem er bedroht ist, durch seine eigenen Freunde von ihm abgewendet wird.

Die Zahl 32 bedeutet »Vermögen«

Eine Kelch-Karte auf der Zahl 32 zeigt an, daß man es zu einer glänzenden Stellung, entsprechend seinen Hoffnungen, bringen wird.

Eine Stab-Karte zeigt der betreffenden Person an, daß ihre Arbeit und ihre Intelligenz, in Verbindung mit der

Hilfe von aufrichtigen Freunden und Gönnern, sie vermögend machen werden.

Eine Münz-Karte in Verbindung mit der Zahl 32 kündigt dieser Person an, daß Neider, in die sie zuviel Vertrauen gesetzt hat, auf ihre Kosten reich werden, da sie ihre allzu große Gutmütigkeit geschickt ausnutzen werden.

Eine Schwert-Karte mit derselben Zahl deutet darauf hin, daß alle Fähigkeiten und der ganze Fleiß dieser Person nur dazu dienen werden, Verrätern ein Vermögen einzubringen, die ihr scheinbar ihre Hilfe anbieten werden.

Die Zahl 33 bedeutet »Gleichgültigkeit«

Eine Kelch-Karte auf der Zahl 33 zeigt der betreffenden Person an, daß ihre Gleichgültigkeit für das Wohl anderer sie ruhige Tage verbringen läßt.

Eine Stab-Karte in Verbindung mit dieser Zahl verdeutlicht, daß Gleichgültigkeit bei der Wahl von Freunden häufig ein Grund für Tränen sein wird.

Eine Münz-Karte zeigt ebenso wie eine Schwert-Karte auf diesem Platz an, daß der Betreffende durch seine Gleichgültigkeit Besitz verlieren wird und sorgsamere und umsichtigere Menschen das einsammeln werden, was er vernachlässigt hat.

Die Zahl 34 bedeutet »Gunst«

Eine Kelch-Karte auf Zahl 34 zeigt an, daß der Betreffende Gunstbeweise in der Liebe erhält und sich die Beachtung von reichen Personen verdient, was ihm ein Vermögen einbringen wird.

Eine Stab-Karte auf besagter Zahl kündet dieser Person an, daß ihr kluges und vorbildliches Verhalten sie in allen Dingen gewinnen läßt.

Eine Münz-Karte auf Feld 34 deutet darauf hin, daß es

dem oder der Betreffenden viel Mühe bereiten wird, wirkliche Vergünstigungen zu erlangen.

Eine Schwert-Karte in Verbindung mit derselben Zahl hat die Bedeutung, daß sich diese Person vergeblich um einträgliche Vergünstigungen bemühen wird. Man betrachte auch die drei benachbarten Karten.

Die Zahl 35 bedeutet »Ehrgeiz«

Eine Kelch-Karte auf der Zahl 35 bedeutet, daß diese Person alles von ihrem Ehrgeiz erwarten darf und das gewünschte Ergebnis erreichen wird.

Eine Stab-Karte auf diesem Feld zeigt dem Betreffenden an, daß durch sein Verdienst und seine Klugheit, sich Freunde zu machen, alle seine ehrgeizigen Wünsche im Hinblick auf seine Stellung und seine Hoffnungen nach Belieben zu Erfolg führen werden.

Eine Münz-Karte in Verbindung mit der Zahl 35 bedeutet für diese Person, daß die Mißgunst ihrer Freunde, Geschäftspartner und Verwandten die Möglichkeiten ihres Ehrgeizes verändern und hemmen wird.

Eine Schwert-Karte zeigt an, daß der Betreffende durch List und Verrat von Freunden das wichtigste Ziel seines Ehrgeizes einbüßen wird.

Die Zahl 36 bedeutet »Krankheit«

Die besagten Krankheiten werden von kurzer Dauer sein, wenn eine Kelch-Karte auf der Zahl 36 plaziert ist.

Handelt es sich um eine Stab-Karte, so werden sie ungefährlich sein.

Handelt es sich um eine Münz-Karte, so wird man durch eine leichte Unpäßlichkeit um ein Vergnügen gebracht.

Bei einer Schwert-Karte werden nur Ihre Feinde von einer Krankheit befallen.

Übersicht

Entsprechung zwischen Etteilla- und Papus-Tarot

Etteila		Papus	Papus		Etteila
1	entspricht	6	1	entspricht	15
2	....	19	2	....	8
3	....	18	3	....	6
4	....	17	4	....	7
5	....	21	5	....	13
6	....	3	6	....	1
7	....	4	7	....	21
8	....	2	8	....	9
9	....	8	9	....	18
10	....	14	10	....	20
11	....	11	11	....	11
12	....	12	12	....	12
13	....	5	13	....	17
14	....	15	14	....	10
15	....	1	15	....	14
16	....	20	16	....	19
17	....	13	17	....	4
18	....	9	18	....	3
19	....	16	19	....	2
20	....	10	20	....	16
21	....	7	21	....	5
78	....	0	0	....	78

Kapitel 6

DIE DIVINATORISCHE BEDEUTUNG DER 78 TAROTKARTEN

nach Etteilla und Odoucet

Häufig wird der Anfänger von einer Beschäftigung mit dem Tarot der Weissagung abgehalten, weil ihm die genaue Bedeutung, die jeder Karte zugeschrieben wird, nicht geläufig ist. In diesem Kapitel sind daher die einschlägigsten Arbeiten von Etteilla mit der späteren Kommentierung durch seinen Schüler Odoucet zusammengestellt worden. Sie werden nur für denjenigen wirklich von Nutzen sein, der sich auf eine detaillierte Erforschung der 78 Karten unter dem Gesichtspunkt der Weissagung einlassen will. Beim raschen Durchlesen wird es sich als wenig nutzbringend erweisen.

Die großen Arkana

1
DER FRAGER
(trad. No. 6: Der Liebende)

richtig herum
Gott; Höchstes Wesen; zentraler Geist; Chaos. — Meditation, Reflexion; geistige Anstrengung.

auf dem Kopf
Universum. — Der physische Mensch oder das Männliche. Der Frager.

2
DIE AUFKLÄRUNG
(trad. No. 19: Die Sonne)

richtig herum

Erhellung, Licht, Erklärung. — Klarheit, Ruhm, Himmel und Erde. — Schwefel der Weisen.

auf dem Kopf

Feuer. — Wärme, Lichtschimmer. — Glut. — Flamme, Leidenschaft. — Meteore. Blitzstrahl; Blitz. — Inneres, äußeres und philosophisches Feuer.

3
DIE WORTE
(trad. No. 18: Der Mond)

richtig herum

Rede, Gespräch, Unterhaltung, Diskussion, Vortrag; sprechen, schwatzen, plaudern. — Klatsch, üble Nachrede, Beschluß, Beratung — Mond.

auf dem Kopf

Fließendes Wasser, Tau, Regen, Meer, Strom, Fluß, Quelle, Wasserfall, Brunnen, Bach, See, Sumpf, Tümpel, Pfütze, Teich. — Feuchtigkeit, feuchter Dunst, Rauch, Quecksilber, chaotisches und philosophisches Wasser. — Ausdünstung, Rauhreif, Schnee, Verdampfung, Verflüchtigung. — Unbeständigkeit, Wankelmut, Schweigen. — Patient.

4
DIE ENTÄUSSERUNG
(trad. No. 17: Der Stern)

richtig herum
Entäußerung, Beraubung, Mangel, Verlassensein; Analyse, Extrakt, Überprüfung, Auswahl, Trennung; Plünderung, Beraubung, Diebstahl, Verluste, Entzug von Hilfe.

auf dem Kopf
Luft, Wind, Gewitter, Atmosphäre, Klima, Trockenheit, Himmel, Sterne. — Vögel, subtil, flüchtig, Klang. — Benehmen, Geziertheit, Kunststück, Gangart, Physiognomie, Ähnlichkeit. — Wellen ohne Beständigkeit. — Arroganz, Hochmut, Wichtigkeit; Lied, Musik, Melodie.

5
DIE REISE
(trad. No. 21: Die Welt)

richtig herum
Reise, Reiseweg, Marsch, Schritte, Versetzung, Wanderung, Besuch, Rennen, Streifzug, Emigration, Seelenwanderung. — Richter. — Flucht, Niederlage. — Drehung, Umlauf, Verkehr. — Entfremdung, Verwirrung.

auf dem Kopf
Erde, Materie, Schmutz, Schlamm. — Materia prima, Schwefel und Quecksilber, Salz der Weisen, Dichte. — Gnome, Erde, Erdkugel, Staat, Königreich, Kaiserreich. — Land, Hoheitsgebiet, Besitzungen, landwirtschaftliche Güter. — Anblick, Dauer, Festigkeit, Stagnation. — Bewegungslosigkeit, Trägheit. — Tiere, Vieh, Bestie. — Grab, Grabmal. — Asche, Pulver, Staub. — Materie, philosophisches Salz.

6
DIE NACHT
(trad. No. 3: Die Herrscherin)

richtig herum
Nacht, Dunkelheit, Finsternis, Entzug von Licht; Rätsel, Geheimnis, Maske, Versteck; unbekannt, heimlich, okkult. — Schleier, Emblem, Darstellung, Abbild, Gleichnis, Allegorie, mystisches Feuer, Geheimwissenschaft. — Schleichwege, undurchsichtige Pläne, verstohlene Handlungen. — Blindheit, trüben, bedecken, einhüllen; Schwierigkeit, Zweifel, Unwissenheit.

auf dem Kopf
Tag, Klarheit, Licht, Glanz, Pracht, Erleuchtung, Manifestation, Offenkundigkeit, Wahrheit. — Klar, sichtbar, leuchtend; gebären, ans Licht bringen, veröffentlichen, ausbrüten. — Durchdringen, Tag werden, aufklären, Erkenntnisse gewinnen. — Ausweg, Erleichterung. — Öffnung, Fenster, Leere, Tierkreis.

7
DIE STÜTZE
(trad. No. 4: Der Herrscher)

richtig herum
Stütze, Unterstützung, Halt, Beistand; Strebepfeiler, Säule, Basis, Grundmauer, Fundament. — Grundsatz, Vernunft, Ursache, Veranlassung, Festigkeit. — Zusicherung, Überredung, Überzeugung, Zuverlässigkeit, Sicherheit, Vertrauen, Gewißheit. — Hilfe, Mitwirkung, Schutz. — Erleichterung, Trost.

auf dem Kopf
Schutz, Einflußnahme, Wohlwollen, Wohltätigkeit, Nächstenliebe, Menschlichkeit, Güte, Erbarmen, Mitleid, Mitgefühl, Glauben. — Ermächtigung.

8
DIE FRAGERIN
(trad. No. 2: Die Hohepriesterin)

richtig herum
Darstellung der Fragerin selbst oder derjenigen Frau, für die sich der Frager am meisten interessiert. — Natur, Ruhe, Stille, Rückzug, Leben in Zurückgezogenheit, Einsamkeit, Altersheim. — Tempel der Wärme, Schweigen, Beharrlichkeit.

auf dem Kopf
Nachahmung, Der Garten Eden, Aufwallung, Sieden, Gärung, Ferment, Hefe, Säure.

9
DIE GERECHTIGKEIT
(trad. No. 8: Die Gerechtigkeit)

richtig herum
Gerechtigkeit, Recht und Billigkeit, Rechtschaffenheit, Aufrichtigkeit, Geradheit, Vernunft. — Rechtssprechung, Vollstreckung. — *Thot* oder das Buch *Thot*.

auf dem Kopf: Der Jurist
Gesetzgebung, Gesetzgeber. — Gesetze, Kodex, Satzungen, Vorschriften, Naturrecht, Menschenrecht, öffentliches Recht, Zivilrecht, Kriegsrecht. — Der Jurist oder Rechtssprecher steht unter dem unmittelbaren Einfluß dieser Karte.

10
DIE MÄSSIGKEIT
(trad. No. 14: Die Mäßigkeit)

richtig herum
Mäßigkeit, Mäßigung, Genügsamkeit, Enthaltsamkeit, Besänftigung, Schonung, Ausgleich. — Rücksicht, Beachtung. — Temperatur, Klima. *Thot* oder das Buch *Thot*.

auf dem Kopf
Geistlicher, Priester, Klerus, Kirche, Religion, Sekte. — Der Frager steht unter dem Einfluß dieser Kraft.

11
DIE KRAFT
(trad. No. 11: Die Kraft)

richtig herum
Kraft, Heldentum, Großmut, Würde, Tapferkeit. — Macht, Vermögen, Herrscher, Einfluß. — Geistige Arbeit, Geduld, Ergebenheit. — *Thot* oder das Buch *Thot*.

auf dem Kopf
Souverän, Königreich, Staat, Republik, Regierung, Verwaltung, Regentschaft, Despotismus, Souveränität, höchste Macht, Willkürherrschaft, Volk, Nation, Schwäche, Unzulänglichkeit, Disharmonie.

12
DIE VORSICHT
(trad. No. 12: Der Gehängte)

richtig herum
Vorsicht, Zurückhaltung, Klugheit, Umsicht, Mäßigung, Unterscheidungsvermögen, Voraussicht, Vorsorge. — Vorahnung, Voraussage, Prophetie. — *Thot* oder das Buch *Thot*.

auf dem Kopf
Nation, Gesetzgeber, gesetzgebende Körperschaft, Bevölkerung, Generationsfolge.

13
DIE EHE
(trad. No. 5: Der Hohepriester)

richtig herum
Ehe, Heirat, Vereinigung, Verbindung, Zusammenschluß, Band, Bündnis, Kette, Sklaverei, Zwang, Gefangenschaft, Knechtschaft.

auf dem Kopf
Gesellschaft, Beziehung, Legierung, Vermengung, Mischung. — Frieden, Eintracht, Übereinstimmung, Harmonie, gute Intelligenz.

14
DIE HÖHERE GEWALT
(trad. No. 15: Der Teufel)

richtig herum
Höhere Gewalt, große Bewegung, Heftigkeit, außergewöhnliche Anstrengung, Stärke, ungewöhnliche Kraft, Machtbefugnis. — Mut, Impuls. — Geistige Höhenflüge. — Verwüstung, Gewalttätigkeit, körperliche Arbeit.

auf dem Kopf
Leichtsinn, Schwäche, Kleinlichkeit, Ohnmacht.

15
DIE KRANKHEIT
(trad. No. 1: Der Gaukler)

richtig herum
Krankheit, Schwäche. — Störung, Schmerz, Angst, Übel, Unbehagen. — Schaden, Leiden, Unglück, Katastrophe.

auf dem Kopf
Geisteskrankheit, Kopfschmerzen; unglückliche Position, Ungnade, Unannehmlichkeiten, Unsicherheit, Bedrängnis. — Arzt, Magier.

16
DAS URTEIL
(trad. No. 20: Das Gericht)

richtig herum
Urteil, Aufopferung, Intelligenz, Vorstellung, Vernunft, gesunder Menschenverstand. — Urteilskraft, Vergleich. — Ansicht, Verdacht, Gedanke. — Meinung, Gefühl, Auflösung.

auf dem Kopf
Beschluß, Erlaß, Verhandlung, Entscheidung; schwacher Geist, Zaghaftigkeit. — Einfachheit.

17
DIE VERGÄNGLICHKEIT
(trad. No. 13: Der Tod)

richtig herum
Tod, Sterblichkeit, Vergänglichkeit, Auslöschung, Zerstörung. — Ende, Veränderung, Fäulnis, Verwesung, Zersetzung.

auf dem Kopf
Trägheit, Schlaf, Lethargie, Versteinerung. — Auslöschung, Somnambulismus.

18
DER VERRÄTER
(trad. No. 9: Der Eremit)

richtig herum
Verrat, Verstellung, Verheimlichung, Heuchelei, Scheinheiligkeit; Verräter, Betrüger, Fälscher, Verführer. — List. Täuschung.

auf dem Kopf
Einzelgänger, Einsiedler; verborgen, versteckt, verkleidet. — Politik, Ende.

19
DIE NOT
(trad. No. 16: Das Haus Gottes)

richtig herum
Not, Notlage, Elend, Bedürftigkeit, Armut, Hungersnot, Mangel, Notwendigkeit, Unheil, Mißgeschick, Unglück, Pein, Qual, Schmerz, Bedrängnis, Unannehmlichkeit, Bestrafung, Züchtigung. — Böses Erwachen, Ungnade. — Härte, Strenge, Unerbittlichkeit.

auf dem Kopf
Gefangennahme, Verhaftung, Gewahrsam, Gefangenschaft, Unterdrückung, Tyrannei, Kette, Unterwürfigkeit, Unterwerfung.

20
DAS GLÜCK
(trad. No. 10: Das Rad des Schicksals)

richtig herum
Glück, Glückseligkeit, Steigerung, Verbesserung, Wohlstand. — Besitz, Reichtum, Gewinn. — Gnade. Gunst. — Schicksal, Bestimmung, Abenteuer, günstiges Geschick.

auf dem Kopf
Vermehrung, Vergrößerung, Fülle, Überfluß. — Wachstum, Vegetation, Erzeugung.

21
DIE STREITIGKEIT
(trad. No. 7: Der Wagen)

richtig herum
Krieg, Uneinigkeit, Streit, Lärm, Aufruhr, Unruhen, Schlacht, Kampf, Gefecht. — Stolz, Hochmut, Eitelkeit, Ruhmsucht, Prunk, Prahlerei, Wagemut, Kühnheit. — Gewalt, Unordnung, Zorn, Beleidigung, Anmaßung, Rache.

auf dem Kopf
Lärm, Ruhestörung, Streit, Meinungsverschiedenheit, Protest, Rechtsstreit, Schikanen, Wortgefechte.

Die kleinen Arkana

22
STAB-RITTER
Landmann

richtig herum

Landmann, guter und strenger Mann, wohlgesinnter Mann, ehrenwerter Mann. — Gewissen, Ehrlichkeit. — Bauer, Landwirt, Ackersmann.

auf dem Kopf

Guter und strenger Mann. — Nachsicht, Strenge, Toleranz, Entgegenkommen.

23
STAB-DAME
Landfrau

richtig herum

Landfrau, Hausfrau, Sparsamkeit, Ehrlichkeit, Höflichkeit. — Sanftmut, Tugend. — Ehre, Keuschheit.

auf dem Kopf

Gute Frau. Güte, Vortrefflichkeit. — Gefällig, zuvorkommend, dienstbar. — Wohltat, Dienst, Verpflichtung.

24
STAB-RITTER
Aufbruch

richtig herum

Aufbruch, Versetzung, Entfernung, Abwesenheit, Aufgabe, Veränderung, Flucht, Desertion, Abwanderung, Auswanderung. — Umstellung, Verlegung, Verpflanzung, Umwandlung, Ausbruch.

auf dem Kopf
Uneinigkeit, Zwist, Bruch, Entzweiung, Trennung, Teilung, Teil, Spaltung. — Fraktion, Partei. — Streit, Auseinandersetzung. — Schnitt, Bruch, Diskontinuität, Unterbrechung.

25
STAB-BUBE
Fremder

richtig herum
Fremder, Unbekanntes, Ungewöhnliches. — Fremd, ungebräuchlich, ungewohnt, einmalig, überraschend, bewundernswert, wunderbar, Wunder. — Episode, Abschweifung, Anonymität.

auf dem Kopf
Mitteilung, Unterweisung, Benachrichtigung, Hinweis, Ermahnung; Anekdoten, Chronik, Geschichte, Erzählung, Fabeln, Bemerkungen, Belehrung.

26
STAB-ZEHN
Verrat

richtig herum
Verrat, Hinterhältigkeit, Betrügerei, Täuschung, List, Überraschung, Verstellung, Heuchelei, Scheinheiligkeit, Pflichtverletzung, Doppelzüngigkeit, Untreue, Gemeinheit, Falschheit, Verschwörung. — Hochstapelei.

auf dem Kopf
Hindernis, Eilfertigkeit. — Schranke, Fessel, Hemmnisse, Schwierigkeiten, Mühe, Arbeit. — Unbequemlichkeit, Erniedrigung, Schikane, Einspruch, Hindernis, Hürde, Einschränkung, Verschanzung, Festung.

27
STAB-NEUN
Verzögerung

richtig herum
Verzögerung, Aufschub, Entfernung, Verlegung, Rücksendung, Aufhebung, Verlängerung, Verlangsamung, Rückgang.

auf dem Kopf
Widrige Umstände, Hindernis, Störung, Unannehmlichkeit, Mißgeschick, Mühe, Unglück, Pech, Unheil.

28
STAB-ACHT
Land

richtig herum
Land, Feld, Ebene, Landwirtschaft, Anbau, Ackerbau, Grundbesitz, Liegenschaften, Bauernhof, Pachtgut, Garten, Obstgarten, Wiese, Wäldchen, Gehölz, Laubwerk, Vergnügen, Zerstreuung, Unterhaltung, Zeitvertreib, Freizeit, Fröhlichkeit, Frieden, Ruhe, Stille, Unschuld, Landleben. — Wald, Talmulde, Gebirge, Kriegslager.

auf dem Kopf
Innere Auseinandersetzung, Prüfung, Überlegung, Unstimmigkeit. — Bedauern, Gewissensbisse, Reue, innere Erregung, Unschlüssigkeit, Unsicherheit, Unentschiedenheit, unerklärlich, unverständlich, Zweifel, Skrupel, Zaghaftigkeit.

29
STAB-SIEBEN
Unterredung

richtig herum
Unterredung, Unterhaltung, Besprechung, Kolloquium, Gespräch, Erörterung, Beratung, Diskussion. — Worte, Aussprache, Sprache, Mundart, Dialekt, Verhandlung, Markt, Austausch, Maßnahme, Handel, Verkehr, Korrespondenz. — Sprechen, sagen, äußern, sich beraten, klatschen, plaudern, geteilter Meinung sein, schwätzen.

auf dem Kopf
Unentschiedenheit, Unentschlossenheit, Unsicherheit, Ratlosigkeit, Unbeständigkeit, Sorglosigkeit, Abweichung, Verschiedenartigkeit, Vielseitigkeit, Zögern, Unschlüssigkeit. — Wankelmut.

30
STAB-SECHS
Hausangestellte

richtig herum
Hausangestellte(r), Diener, Knappe, Lakai, Dienerin, Söldner, Untergebene(r), Sklave. — Bote, Unterhändler, Beauftragter. — Das Innere des Hauses, Haushalt, Familie, die Gesamtheit der Bediensteten des Hauses.

auf dem Kopf
Erwartung, Hoffnung, Aussicht, etwas begründen, sich auf etwas stützen, sich auf etwas verlassen, sich etwas versprechen. — Vertrauen, Voraussicht. — Furcht, Vorahnung.

31
STAB-FÜNF
Gold

richtig herum

Gold, Reichtum, Fülle, Prunk, Verschwendung, Glanz, Luxus, Überfluß, Nutzen. — Physische, philosophische und sittliche Sonne.

auf dem Kopf

Prozeß, Rechtsstreit, Meinungsverschiedenheiten, Auseinandersetzung, Anfechtung, Wortwechsel, Klage, Anweisung, Verfolgung. — Unannehmlichkeiten, Diskussionen, Schikane, Schinderei. — Widerspruch, Inkonsequenz.

32
STAB-VIER
Gesellschaft

richtig herum

Gesellschaft, Vereinigung, Versammlung, Verbindung, Konföderation, Allianz, Verband, Zusammenkunft, Kreis, Gemeinschaft, Volksauflauf, Menge, Masse, Gewühl, Truppen, Schar, Kompanie, Kohorte, Heer, Armee. — Berufung, Begleitung, Vermischung, Legierung, Amalgam. — Vertrag, Übereinkunft, Pakt, Abkommen.

auf dem Kopf

Wohlstand, Mehrung, Wachstum, Fortschritt, Erfolg, Gelingen, Glück, Blüte, Glückseligkeit. — Schönheit, Ausschmückung.

33
STAB-DREI
Unternehmen

richtig herum
Unternehmung, etwas unternehmen, beginnen. — Sich aneignen, bemächtigen. — Wagemut, Kühnheit, Furchtlosigkeit. — Unvorsichtig, unternehmungslustig, furchtlos, kühn, verwegen. — Befangen, verunsichert. — Anstrengung, Versuch, Verlockung.

auf dem Kopf
Unterbrechung von Unglück, Qualen, Mühe und Arbeit. — Ende, Stillstand, Diskontinuität, Rast, Ruhe, Einfluß, Vermittlung, Aussetzung.

34
STAB-ZWEI
Kummer

richtig herum
Kummer, Traurigkeit, Melancholie, Bedrängnis, Mißvergnügen, Schmerz, Verzweiflung, Demütigung, Launen, Ärger, Stimmungsschwankungen, trübe Gedanken. — Verbitterung, Zorn, Verdruß.

auf dem Kopf
Überraschung, Verzauberung, Ergriffenheit. Aufregung, unvorhergesehenes Ereignis, unerwartete Begebenheit, Schrecken, Gefühlsaufruhr, Furcht, Grausen, Entsetzen. — Bestürzung, Verwunderung, Beherrschung, Begeisterung, Beunruhigung. — Wunder, seltene Erscheinung.

35
STAB-AS
Geburt

richtig herum
Geburt, Anfang. — Entstehung, Ursprung, Schöpfung. — Quelle, Grundprinzip, Vorrang, Neuheit. — Abstammung, Rasse, Familie, Stand, Haus, Geschlecht, Nachkommen, Gelegenheit, Ursache, Grund, erste Zeichen.

auf dem Kopf
Fall, Schwall, Verfall, Niedergang, Abnahme, Verminderung, Zerstreuung, Konkurs, Bankrott, Ruin, Zerstörung, Abbruch, Beschädigung, Verwüstung. — Fehler, Irrtum, Mißverständnis, Mutlosigkeit, Niedergeschlagenheit, Verzagtheit. — Untergang, Abgrund, Schlucht. — Untergehen, fallen, absinken, sich erniedrigen. — Tiefe.

36
KELCH-KÖNIG
Blonder Mann

richtig herum
Blonder Mann, Ehrenmann, Rechtschaffenheit, Gerechtigkeit, Kunst, Wissenschaft.

auf dem Kopf
Hochgestellter Mann, vornehmer Mann, Ehrenmann. — Unehrenhafter Mann. — Erpressung, Unterschlagung, Ungerechtigkeit, Räuber, Dieb, Betrüger. — Laster, Korruptheit, Skandal.

37
KELCH-DAME
Blonde Frau

richtig herum
Blonde Frau. — Ehrenwerte Frau, Tugend, Klugheit, Redlichkeit.

auf dem Kopf
Frau in vornehmer Stellung, ehrenwerte Frau. — Laster, Unehrlichkeit, Verderbtheit, Unmäßigkeit, Korruption, Skandal.

38
KELCH-RITTER
Ankunft

richtig herum
Ankunft, Kommen, Annäherung, Zugang, Empfang, Zutritt. — Konformität. — Erwerb. — Andrang. — Vergleich.

auf dem Kopf
Schurkenstreich, Ruchlosigkeit, Betrug, Täuschung, Arglist. Schlauheit, Geschicklichkeit, Wendigkeit, Mogelei. — Spitzfindigkeit, Unregelmäßigkeit. — *Bosheit.*

39
KELCH-BUBE
Blonder Junge

richtig herum
Blonder Junge, fleißig. — Studium, Fleiß, Arbeit, Überlegung, Betrachtung, Erwägung, Nachdenken, Beschäftigung. — Handwerk, Beruf, Anstellung.

auf dem Kopf
Hang, Neigung, Anziehung, Vorliebe, Geschmack, Sympathie, Leidenschaft, Zuneigung, Verbundenheit, Freund-

schaft. — Herz, Verlangen, Begehren, Reiz, Bindung, Verführung, Einladung, Einwilligung. — Schmeichelei, Liebkosung, Liebedienerei, Lobhudelei, Lob, Belobigung. — Geneigt, was zur Neige geht, was mit Ruin droht.

40
KELCH-ZEHN
Die Stadt

richtig herum
Stadt, Gemeinde, Vaterland, Land, Ortschaft, Dorf, Ort, Gegend, Wohnort, Wohnung, Wohnsitz. — Bürger, Bürgerschaft, Städter.

auf dem Kopf
Zorn, Empörung, Erregung, Beunruhigung, Jähzorn, Wut, Gewalttätigkeit.

41
KELCH-NEUN
Sieg

richtig herum
Sieg, Erfolg, Gelingen, Vorteil, Gewinn. — Prunk, Triumph, Trophäe, Vorrang, Überlegenheit. — Schauspiel, Zurüstung, Zubehör.

auf dem Kopf
Ehrlichkeit, Wahrheit, Wirklichkeit, Loyalität, Gewissenhaftigkeit, Offenheit, Unbefangenheit, Arglosigkeit, Offenherzigkeit, Einfachheit. — Freiheit, Wissenschaft, Vertraulichkeit, Zwanglosigkeit, Furchtlosigkeit, Ungezwungenheit, Zuchtlosigkeit.

42
KELCH-ACHT
Blondes Mädchen

richtig herum

Blondes Mädchen, anständiges Mädchen, geschicktes Mädchen. Ehre, Scham, Bescheidenheit, Zurückhaltung, Schüchternheit, Furcht, Besorgnis, Sanftmut.

auf dem Kopf

Zufriedenheit, Glück, Fröhlichkeit, Heiterkeit, Freude, Jubel, Lustbarkeit, Zerstreuung, Fest. — Entschuldigung, Wiedergutmachung, Rechtfertigung. — Öffentliches Vergnügen, Schauspiel, Pracht, Zubereitung, Vorbereitung, Einrichtung.

43
KELCH-SIEBEN
Der Gedanke

richtig herum

Gedanke, Seele, Geist, Intelligenz, Idee, Erinnerung, Vorstellung, Erkenntnis, Anschauung, Nachdenken, Betrachtung, Überlegung, Beschluß, Ansicht, Meinung, Gefühl.

auf dem Kopf

Plan, Vorhaben, Absicht, Wunsch, Willen, Entschluß, Bestimmung, Vorsatz.

44
KELCH-SECHS
Die Vergangenheit

richtig herum

Die Vergangenheit, das Vergangene, Verblühte, Verwelkte. — Vormals, vorher, früher, einst, ehemals. — Alter, Gebrechlichkeit, Altertum.

auf dem Kopf
Zukunft, die kommende Zeit. — Später, danach, nachfolgend, nachträglich. — Regeneration, Wiederaufleben. — Wiedergabe, Erneuerung, Wiederholung.

45
KELCH-FÜNF
Erbschaft

richtig herum
Erbschaft, Nachfolge, Vermächtnis, Gabe, Schenkung, Mitgift, väterliches Erbteil, Übertragung, Testament. — Übergabe, Auflösung. — Intrigen.

auf dem Kopf
Blutsverwandtschaft, Blut, Familie, Ahnen, Vorfahren, Vater, Mutter, Bruder, Schwester, Onkel, Tante, Cousin, Cousine. — Abstammung, Herkunft, Rasse, Nachkommenschaft, Bündnis. — Verwandtschaft. Beziehung, Verbindung, Kontakt.

46
KELCH-VIER
Verdruß

richtig herum
Verdruß, Mißfallen, Unzufriedenheit, Widerwillen, Abneigung, Haß, Schrecken, Beunruhigung, Seelenqual, Kummer, Gram; unangenehm, ärgerlich, peinlich. — Bedrückend, betrüblich.

auf dem Kopf
Neue Unterweisung, neues Licht. — Hinweis. Anzeichen, Mutmaßung. — Vorzeichen, Vorahnung. — Vorgefühl, Voraussage, Prophezeiung. Neuerung.

47
KELCH-DREI
Erfolg

richtig herum
Erfolg, Wissen, glückliches Ende, glückliche Lösung, Sieg. — Genesung, Heilung, Erleichterung. — Vollendung. — Vollkommenheit.

auf dem Kopf
Sendung, Nachricht, Ausführung, Fertigstellung, Beendigung, Abschluß, Erfüllung.

48
KELCH-ZWEI
Liebe

richtig herum
Liebe, Leidenschaft, Neigung, Sympathie, Anziehung, Freundschaft, Wohlwollen, Zuneigung, Anhänglichkeit, Vorliebe, Beziehung, Zuvorkommenheit, Hinwendung, Affinität.

auf dem Kopf
Verlangen, Wunsch, Begehren, Willen, Lust, Lüsternheit, Sinnenlust, Habsucht, Eifersucht, Leidenschaft, Illusion, Gier.

49
KELCH-AS
Die Tafel

richtig herum
Tafel, Essen, Festmahl, Gala, Nahrung, Nahrungsmittel, Ernährung. — Gäste, Bedienung. — Einladung, Bitte, Bittschrift, Einberufung. — Gast, Hotel, Gasthaus, Pension. — Fülle, Fruchtbarkeit, Erzeugung, Haltbarkeit, Stabilität,

Festigkeit, Standhaftigkeit, Ausdauer, Fortsetzung, Dauer, Folge, Fleiß, Beharrlichkeit, Entschlossenheit, Mut. — Gemälde, Bild, Abbildung, Schriftzeichen, Beschreibung. — Schreibtafel, Aktenmappe, Büro, Sekretär. — Natursteintafel, Bronzetafel, Marmortafel, Gesetz. — Katalog, Inhaltsverzeichnis. — Tisch des Herrn, heiliges Abendmahl.

auf dem Kopf
Wechsel, Tausch, Verwandlung, Veränderung, Abwechslung, Verschiedenheit, Variation, Unbeständigkeit, Unbeschwertheit. — Eintausch, Tauschhandel, Kauf, Verkauf, Handel, Vertrag, Übereinkunft. — Metamorphose, Vielfältigkeit, Unstetigkeit, Umkehrung, Umsturz, Umwälzung, Rückschlag. — Übersetzung, Übertragung.

50

SCHWERT-KÖNIG
Mann in Robe

richtig herum
Mann in Robe, Jurist, Richter, Ratgeber, Assessor, Senator, Geschäftsmann, Sachverwalter, Advokat, Staatsanwalt, Doktor, Arzt. — Rechtsgelehrter, Rechtswissenschaft. — Prozeßführender, Rechtskundiger.

auf dem Kopf
Vorsätzliches Übel, Bosheit, Treulosigkeit, Verbrechen, Grausamkeit, Greuel, Unmenschlichkeit.

51

SCHWERT-DAME
Witwenschaft

richtig herum
Witwenschaft, Witwerstand, Verlust, Abwesenheit, Mangel, Unfruchtbarkeit, Bedürftigkeit, Armut. — Leer, offen, unbesetzt, untätig, müßig, frei.

auf dem Kopf
Böse Frau. — Bösartigkeit, Bosheit, Betrügerei, Schlauheit, Arglist, Schalkhaftigkeit, Frömmelei, Prüderie, Scheinheiligkeit.

52
SCHWERT-RITTER
Militär

richtig herum
Soldat, Bewaffneter, Schwertkämpfer, Fechtmeister, Haudegen. — Jede Art von Söldner. Kämpfer, Feind, Gegner. — Streit, Krieg, Kampf, Schlacht, Duell. — Angriff, Verteidigung, Gegenwehr, Widerstand, Vernichtung, Zusammenbruch, Umsturz. — Feindschaft, Haß, Wut, Groll. — Mut, Tüchtigkeit, Tapferkeit. — In Sold nehmen, verdingen.

auf dem Kopf
Ungeschicklichkeit, Albernheit, Dummheit, Torheit, Einfältigkeit, Unvorsichtigkeit, Unverschämtheit, Narrheit, Lächerlichkeit, Albernheit. — Gaunerei, Hochstapelei, Spitzbüberei, Betrug.

53
SCHWERT-BUBE
Aufpasser

richtig herum
Spion, neugieriger Mensch, Beobachter, Aufpasser, Aufseher, Verwalter. — Prüfung, Note, Vermerk, Beobachtung, Anmerkung, Vorausberechnung, Rechnung, Kalkulation, Schätzung. — Wissenschaftler, Künstler.

auf dem Kopf
Improvisiert, unvermittelt, schlagartig, plötzlich. — Erstaunlich, überraschend, unerwartet. — Improvisieren,

unvorbereitet handeln und reden, auf der Stelle verfassen und vortragen.

54
SCHWERT-ZEHN
Kummer

richtig herum

Tränen, Weinen, Schluchzen, Seufzen, Stöhnen, Wehklagen, Jammern, Beschwerden, Leiden, Kummer, Trauer, Traurigkeit, Schmerz, Verzweiflung.

auf dem Kopf

Vorteil, Gewinn, Nutzen, Erfolg. — Gnade, Gunst, Wohltat. — Einfluß, Macht, Herrschaft, Autorität, Gewalt, unrechtmäßige Besitznahme.

55
SCHWERT-NEUN
Junggeselle

richtig herum

Junggeselle, Zölibat, Jungfräulichkeit, Abt, Priester, Mönch, Einsiedler, Geistlicher, Nonne. — Tempel, Kirche, Kloster, Stift, Einsiedelei, Heiligtum. — Kult, Religion, Frömmigkeit, Andacht, Ritus, Zeremonie, Ritual. — Klausner, Klausnerin, Anachoret, Vestalin.

auf dem Kopf

Berechtigtes Mißtrauen, begründeter Verdacht, berechtigte Angst, Argwohn, Zweifel, Mutmaßung. — Skrupel, Ängstlichkeit, Reinheit, Schüchternheit, Scham, Scheu.

56
SCHWERT-ACHT
Kritik

richtig herum

Kritik, unerfreuliche Position, kritischer Moment, kritische Zeit, entscheidender Augenblick, unglückliche Situation, schwierige Umstände, Krise. — Prüfung, Diskussion, Untersuchungen, Tadel, Zensur, Anmerkung, Epilog, Überwachung, Mißbilligung, Verurteilung, Verdammung, Stillstand, Verachtung.

auf dem Kopf

Zwischenfall, Schwierigkeit, besondere Umstände, Zusammentreffen, Ereignis, Nebensächlichkeit, Unbewußtes, Hindernis, Verzögerung, Aufschub. — Verwerflichkeit. — Anfechtung, Widerspruch, Gegenwehr, Widerstand, Schikane. — Unvermutet, unvorhergesehen, Zufall, Abenteuer, Gelegenheit, Schicksal, Verhängnis, Unfall, Mißgeschick, Ungnade, Unglück, Krankheitssymptom.

57
SCHWERT-SIEBEN
Hoffnung

richtig herum

Hoffnung, Erwartung, Aussicht, Anspruch erheben, sich auf etwas gründen, sich überschätzen, Grund, Vorsatz, Wille, Wollen, Wunsch, Begehren, Lust, Vorliebe, Einbildung.

auf dem Kopf

Kluge Ansichten, gute Ratschläge, vorteilhafte Nachrichten, Unterweisung, Lektion. — Beobachtung, Überlegung, Bemerkung, Meinung, Gedanken. — Tadel, Vorwurf. — Neuigkeit, Ankündigung, Bekanntmachung. — Befragung, Ermahnung.

58
SCHWERT-SECHS
Der Weg

richtig herum
Straße, Allee, Weg, Bahn, Durchgang, Pfad. — Marsch, Strecke, Gang, Zuvorkommenheit, Benehmen, Mittel, Art und Weise, Ausweg, Kurs, Laufbahn, Spaziergang, Beispiel, Spur, Fährte, Sendung, Bote.

auf dem Kopf
Erklärung, deklaratorischer Akt, Entwicklung, Erläuterung, Auslegung. — Charta, Verfassung, Urkunde, manifestiertes Recht, Verfügung. — Veröffentlichung, Bekanntmachung, Offenkundigkeit, Ankündigung, Publizität, Verbürgtheit, allgemeine Bekanntheit. — Denunziation, Zählung, Aufzählung. — Erkenntnis, Entdeckung, Enthüllung, Offenbarung, Vision, Erscheinung, Anschein, Eingeständnis, Bekenntnis, Beteuerung, Zusicherung, Genehmigung.

59
SCHWERT-FÜNF
Verlust

richtig herum
Verlust, Veränderung, Abfall, Beschädigung, Schwund, Abnahme, Zerstörung, Verschlechterung, Schaden, Verminderung, Einbußen, Mißerfolge, Benachteiligung, Mangel, Unrecht, Geiz, Niedergang der Geschäfte, Sachschaden, Verwüstung, Verschwendung, Vergeudung, Mißgeschick, Unglück, Umsturz, Mißerfolg, Ruin. — Niederlage, Zusammenbruch. — Ausschweifung, Scham, Verleumdung, Ehrlosigkeit, Niedertracht, Schande, Beschimpfung, Häßlichkeit, Mißbildung, Erniedrigung. — Diebstahl, Mundraub, Entführung, Plagiat, Beseitigung,

Schrecken. — Schmach, Bestechung, Verderbtheit, Zügellosigkeit, Verführung, Ausschweifung.

auf dem Kopf
Trauer, Mutlosigkeit, Leiden, Kummer, Schmerz, Seelenqualen, Beerdigung, Begräbnis, Beisetzung, Grablegung, Grabmal.

60
SCHWERT-VIER
Einsamkeit

richtig herum
Einsamkeit, Wüste, Rückzug, Einsiedelei. — Exil, Verbannung, Achtung. — Unbewohnt, vereinsamt, verlassen, verwahrlost. — Grab, Grabmal, Sarg.

auf dem Kopf
Sparsamkeit, gutes Verhalten, kluge Verwaltung. — Voraussicht, Leitung, Haushaltsführung, Einsparung, Geiz. — Befehl, Anordnung, Bericht, Zweckmäßigkeit, Einverständnis, Zustimmung, Harmonie, Musik, Stimmung. — Testament. — Vorbehalt, Einschränkung, Ausnahme. — Umsichtigkeit, Umgrenzung, Abzug, Klugheit, Sympathie, Rücksichtnahme, Vorsicht.

61
SCHWERT-DREI
Entfernung

richtig herum
Entfernung, Abschied, Abwesenheit, Abstand, Auseinandergehen, Ferne, Verzögerung. — Verachtung, Widerwillen, Abneigung, Haß, Abscheu, Grauen. — Unverträglichkeit, Unannehmlichkeit, Gegensatz, Ungeselligkeit, Menschenscheu, Unhöflichkeit. — Trennung, Teilung, Bruch, Antipathie, Kürzung, Schnitt.

auf dem Kopf
Verwirrung, Geistesstörung, Abschweifung, Zerstreuung, Geistesabwesenheit, törichtes Verhalten. — Irrtum, getäuschte Hoffnung, Verlust, Umweg, Abweichung, Zersplitterung.

62
SCHWERT-ZWEI
Freundschaft

richtig herum
Freundschaft, Anhänglichkeit, Zuneigung, Zärtlichkeit, Wohlwollen, Beziehung, Verbindung, Übereinstimmung, Intimität, Angemessenheit, Entsprechung, Interesse, Einklang, Sympathie, Affinität, Anziehung.

auf dem Kopf
Fehler, Falschheit, Lüge, Betrug, Doppelzüngigkeit, Unehrlichkeit, Schwindel, Verstellung, Täuschung, Leichtfertigkeit, Oberflächlichkeit, äußerer Schein.

63
SCHWERT-AS
Übertreibung

richtig herum
Extrem, groß, übermäßig. — Aufbrausend, wütend, jähzornig. — Maßlos, leidenschaftlich, übertrieben. — Heftigkeit, Unwillen, Gemütsaufwallung, Erregung, Zorn, Wut. — Extrem, Grenzen, Begrenzung, Ende. — Letzter Seufzer, äußerste Not. — Zwist.

auf dem Kopf
Schwangerschaft, Keim, Samen, Sperma, Materie, Befruchtung, Erzeugung, Empfängnis, Fruchtbildung. — Niederkunft, Geburt. — Vergrößerung, Erweiterung.

64
MÜNZ-KÖNIG
Dunkelhaariger Mann

richtig herum
Dunkelhaariger Mann, Kaufmann, Bankier, Wechselmakler, Kalkulator, Spekulant. — Physik, Geometrie, Mathematik, Wissenschaft. — Lehrer, Professor.

auf dem Kopf
Laster, Fehler, Schwäche, Gebrechen, Mißgestalt, Unförmigkeit. — Unregelmäßigkeit, Häßlichkeit, Mißbildung. — Verderbnis, übler Geruch.

65
MÜNZ-KÖNIGIN
Dunkelhaarige Frau

richtig herum
Dunkelhaarige Frau, Üppigkeit, Reichtum, Prunk, Luxus, Überfluß. — Zusicherung, Sicherheit, Vertrauen, Gewißheit, Bestätigung. — Zuverlässigkeit, Furchtlosigkeit, Freiheit, Offenheit.

auf dem Kopf
Sicheres Übel, zweifelhaft, ungewiß, Zweifel, Unentschlossenheit, Unsicherheit. — Angst, Furcht, Schrecken, Zaghaftigkeit, Besorgnis, Wankelmut, Zögern.

66
MÜNZ-RITTER
Nützlichkeit

richtig herum
Nutzen, Vorteil, Gewinn, Profit, Eigennutz. — Gewinnbringend, eigennützig, vorteilhaft, wichtig, notwendig, verbindlich, amtlich.

auf dem Kopf
Frieden, Stille, Ruhe, Schlaf, Apathie, Reglosigkeit, Stagnation, Untätigkeit, Müßiggang. — Muße, Zeitvertreib. — Erholung, Unbekümmertheit, Bequemlichkeit, Nachlässigkeit, Faulheit, Trägheit, Nichtstuerei, Abstumpfung, Entmutigung, Niedergeschlagenheit.

67
MÜNZ-BUBE
Dunkelhaariger Junge

richtig herum
Dunkelhaariger junger Mann, Studium, Unterweisung, Anwendung, Nachdenken, Überlegung. — Arbeit, Beschäftigung, Lehrzeit. — Schüler, Lehrling, Jünger, Amateur, Student, Spekulant, Kaufmann.

auf dem Kopf
Beruf, Überfluß, Großzügigkeit, Luxus, Üppigkeit, Pracht, Fülle, Vielfalt. — Freigebigkeit, Wohltat, Großmut, Wohltätigkeit. — Menge, Masse. — Verfall, Verschwendung, Plünderung, Vergeudung.

68
MÜNZ-ZEHN
Das Haus

richtig herum
Haus, Haushalt, Sparsamkeit, Erspartes. — Wohnung, Wohnsitz, Wohnort, Bleibe, Unterkunft, Quartier, Landsitz, Gebäude, Bau, Gefäß. — Archiv, Schloß, Hütte. — Familie, Abstammung, Rasse, Geschlecht, Nachkommen. — Höhle, Spelunke, Schlupfwinkel.

auf dem Kopf
Los, Geschick, Spiel, Zufall, Fügung, Unwissenheit,

Schicksal, Bestimmung, Verhängnis, Schicksalhaftigkeit. Günstige oder ungünstige Gelegenheit.

69
MÜNZ-NEUN
Wirkung

richtig herum
Wirkung, Verwirklichung, positiv, Erfüllung, Erfolg.

auf dem Kopf
Schwindel, Hochstapelei, Täuschung, wirkungslose Versprechungen, leere Hoffnungen, fehlgeschlagene Pläne.

70
MÜNZ-ACHT
Dunkelhaariges Mädchen

richtig herum
Dunkelhaariges Mädchen, Passivität, große Nacht.

auf dem Kopf
Sinnlosigkeit, Geiz, Abnutzung.

71
MÜNZ-SIEBEN
Geld

richtig herum
Geld, Reichtum, Geldsumme, Kleingeld, Münze. — Silberwaren. — Weiße, Parität, Unbefangenheit, Unschuld, Naivität, Mond. — Läuterung, Reinigung.

auf dem Kopf
Beunruhigung, Seelenqual, Ungeduld, Bedrängnis, Kummer, Sorge, Betreuung, Aufmerksamkeit, Sorgfalt, Fleiß. — Besorgnis, Furcht, Argwohn, Mißtrauen, Verdacht.

72
MÜNZ-SECHS
Die Gegenwart

richtig herum

Augenblicklich, gegenwärtig, jetzt, sofort, unvermittelt, auf der Stelle, zu dieser Stunde, um diese Zeit, heute; Anwesender, Zeuge, Zeitgenosse. — Aufmerksam, sorgfältig, wachsam.

auf dem Kopf

Begehren, Wunsch, Inbrunst, Eifer, Leidenschaft; Nachforschungen, Habsucht, Neid, Eifersucht, Illusion.

73
MÜNZ-FÜNF
Geliebter / Geliebte

richtig herum

Geliebter, Geliebte, Verliebter, Verliebte, Galan, Dirne, Mann, Frau, Ehemann, Ehefrau, Gatte, Gattin, Freund, Freundin. — Liebhaber. Mätresse. — Lieben, gern haben, anbeten. — Zusammenstellung, Übereinstimmung, Angemessenheit, Anstand, Wohlerzogenheit.

auf dem Kopf

Unordnung, Gegenorder, Widerruf. — Schlechtes Betragen, Liederlichkeit, Durcheinander, Verwirrung, Chaos. — Schaden, Verwüstung, Ruin. — Verschwendung, Auszehrung, Schwindsucht. — Unmäßigkeit, Ausschweifung. — Zwietracht, Disharmonie, Uneinigkeit.

74
MÜNZ-VIER
Wohltat

richtig herum
Gabe, Geschenk, Großzügigkeit, Wohltat, Freizügigkeit, Weihnachtsgeld, Neujahrsgeschenk, Gnade, Opfer, Schenkung, Vergütung, Dienstleistung. — Die Farbe Weiß, Mondmedizin, weißer Stein.

auf dem Kopf
Einfriedung, Umfang, Umkreis, Umdrehung, Umgrenzung, Kreis, Kreislauf, Umlauf. — Unterbrechung, Behinderung, Stockung, Zurückbehaltung; Kloster, Stift. — Beschlossen, festgelegt, entschieden, bestimmt. — Äußerstes Ende, Grenze, Abschluß, Schranke, Wand, Mauer, Hecke. — Hindernisse, Hemmnisse, Behinderung, Sperre, Aufschub, Verzögerung, Widerstand.

75
MÜNZ-DREI
Bedeutende Größe

richtig herum
Edel, bedeutend, berühmt, wichtig, groß, ausgedehnt, umfangreich, geräumig, erhaben, angesehen, bekannt, gefeiert, mächtig, erhaben, erlaucht. — Auszeichnung, Ansehen, Seelengröße, würdiges Vorgehen, großzügiges Verhalten, glanzvoll, prächtig.

auf dem Kopf
Kindheit, Kindlichkeit, Kinderei, Spielerei, Leichtfertigkeit. — Abschwächung, Entkräftung, Verringerung, Verkleinerung, Höflichkeit, Mäßigkeit, Mittelmäßigkeit, Kleinlichkeit, Geringfügigkeit, Nichtigkeit, Gemeinheit, Feigheit, Verzagtheit; Sprößling, kleines Mädchen, Knabe, schmächtig, niedrig, unterwürfig, minderwertig, nie-

derträchtig, verwerflich, demütig. — Verworfenheit, Unterwürfigkeit, Erniedrigung.

76
MÜNZ-ZWEI
Beschwerlichkeit

richtig herum
Beschwerlichkeit, Hindernis, Stockung, Haken, Zwischenfall. — Mißhelligkeiten, Scherereien, Gemütsbewegung, Unklarheit, Verwirrung, Hemmung, Verwicklung, Unverständlichkeit. — Erregung, Beunruhigung, Ratlosigkeit, Fürsorge.

auf dem Kopf
Zettel, Schriftstück, Handschrift, Text, Literatur, Lehre, Gelehrsamkeit, Werk, Buch, Hervorbringung, Komposition. — Nachricht, Brief, Zuschrift, Sendschreiben. — Buchstabe. — Wortsinn. — Alphabet, Grundlagen, Leitsätze, Wechselbriefe.

77
MÜNZ-AS
Vollkommene Zufriedenheit

richtig herum
Vollkommene Zufriedenheit, Glückseligkeit, Glück, Entzücken, Begeisterung, Ekstase, Wunder, völlige Genugtuung, umfassende Freude, unaussprechliches Vergnügen, die Farbe Rot, vollendete Medizin, Sonnenmedizin, erhörtes Gebet.

auf dem Kopf
Die Summe, die Hauptsache, das Wesentliche. — Schatz, Reichtum, Wohlstand. — Selten, teuer, kostbar, unschätzbar.

78
DIE TORHEIT
(trad. No. 0: Der Narr)

richtig herum
Torheit, Irrsinn, Narrheit, Unvernunft, Verwirrung, Trunkenheit, Delirium, Wahnsinn, Makel, Tobsucht, Taumel. — Begeisterung. — Verblendung, Unwissenheit. — Verrückt, töricht, unvernünftig, unschuldig, einfach, einfältig.

auf dem Kopf
Dummheit, Torheit, Unbekümmertheit, Albernheit, Unvorsichtigkeit, Nachlässigkeit, Abwesenheit, Zerstreuung. — Teilnahmslosigkeit, Bewußtlosigkeit, Auslöschung, Schlaf, Öde, Nichtigkeit, Leere, Nichts. — Sinnlosigkeit.

Kapitel 7

DAS BUCH DES HERMES
*Die Deutung der 22 Großen Arkana
nach Christian*

In seinem Buch *L'Homme Rouge des Tuileries* (Das Rote Männchen der Tuilerien, 1856) und später in seiner *Histoire de la Magie* (Geschichte der Magie, 1876) stellt Christian, Bibliothekar des Arsenals in Paris, eine ungewöhnliche Verbindung zwischen Tarot, weissagender Astrologie und Traumdeutung her. Jedes der großen Arkana wird dabei zum Gegenstand einer sorgfältigen Untersuchung, und diese wird für alle Sucher von großem Nutzen sein, welche die Kenntnis der Philosophie des Tarot vertiefen wollen. Wir wollen daher die Arbeiten Christians in Erinnerung rufen und geben hier seine Studien über die großen Arkana wieder.

★ ★ ★

Diesen Deutungen der großen Arkana sind 22 sehr seltene Darstellungen von Tarotkarten aus dem Besitz von Papus zugeordnet, die nach seinen Angaben von Gabriel Goulinat gezeichnet wurden.

Sie haben den folgenden Aufbau:

Im Mittelpunkt ist die hieroglyphische Figur abgebildet, die nach möglichst authentischen Dokumenten rekonstruiert wurde.

Darüber befindet sich die Zahl der Karte.

Links stehen die Entsprechungen der Zahl und des Zeichens in den einzelnen Alphabeten. Diese sind:
1. das französische (bzw. deutsche)
2. das hebräische
3. das Sanskrit-Zeichen

4. die korrespondierende ägyptische Hieroglyphe
5. das Zeichen Watan nach dem Archeometer von Saint-Yves d'Alveydre.

Diese Entsprechungen sind für alle Okkultisten gleich welcher Schule und für alle Sucher der Geheimwissenschaften von großem Wert.

Im unteren Teil der Karte steht die traditionell überlieferte Bedeutung und noch tiefer ihr dreifacher Sinn: spirituell, moralisch oder alchimistisch und physisch-materiell. Für die Zwecke der Weissagung ist damit der letztere Begriff vor allem heranzuziehen.

Rechts stehen schließlich noch die astrologischen Entsprechungen, die es ermöglichen, den betreffenden Tag oder Monat festzulegen.

Arkanum I

A = 1 ist in der *göttlichen Welt* Ausdruck für das Absolute Wesen, das die Unendlichkeit aller Möglichkeiten in sich einschließt und diese ausströmt. — In der *geistigen Welt* für die Einheit, das Urprinzip aller Handlungen. — In der *physischen Welt* für den Menschen, das höchste aller der Relativität unterworfenen Wesen, dazu aufgerufen, sich durch eine ständige Äußerung seiner Fähigkeiten in den konzentrischen Kreisen des Absoluten höher zu entwickeln.

Das Arkanum I stellt den vollkommenen Menschen dar, der sich im vollen Besitz seiner physischen und sittlichen Fähigkeiten befindet. Er ist aufrecht abgebildet, das heißt, in der Haltung des Willens, aus dem das Handeln hervorgehen wird. Sein Gewand ist weiß, Abbild für die ursprüngliche oder zurückgewonnene Reinheit. Eine Schlange, die sich in den Schwanz beißt, dient ihm als Gürtel; dies ist das Symbol für die Ewigkeit. Seine Stirn ist mit einem Goldreif geschmückt: Das Gold bedeutet Licht, der

1

A Français		Lettre Mère
א Hébreux		Centre du Ciel
ॠ Sanscrit		Visible et
𓅃 Egyptien		Invisible
—		
Archéomètre Saint-Yves		

LE BATELEUR

Principe-Essence divine
La Terre
L'Homme. Le Père

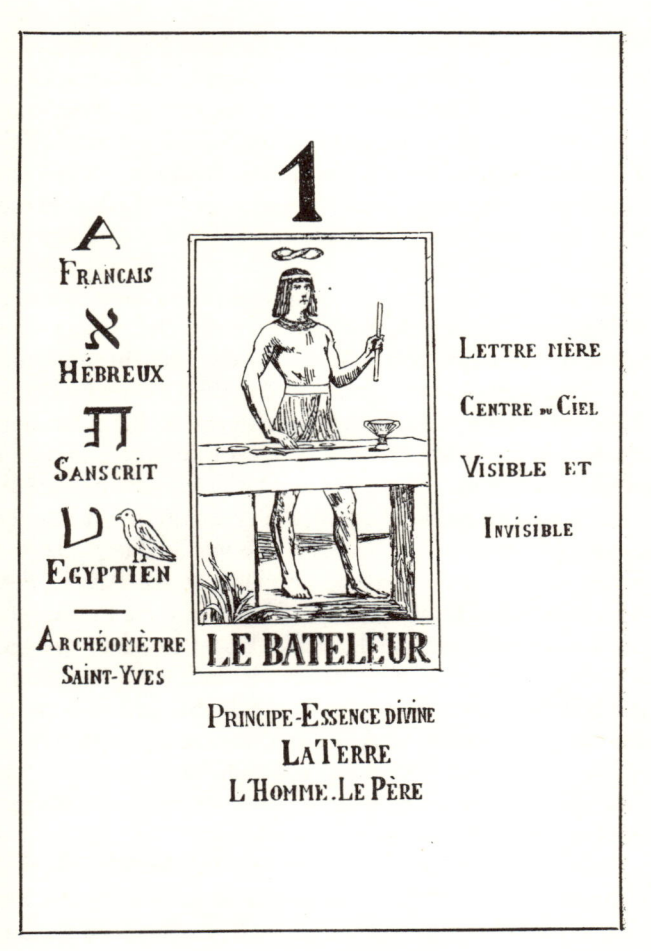

DER GAUKLER

Urprinzip — Göttliche Essenz
Die Erde
Der Mann. Der Vater

Reif ist Ausdruck für die universelle Kreislinie, in der sich die erschaffenen Dinge drehen. Die rechte Hand des Magiers (der auch Der Gaukler sein kann, *Anm. d. Hrsg.*) hält ein goldenes Zepter, das Sinnbild für Befehl, und ist als Zeichen des Strebens nach Wissen, nach Weisheit, nach Kraft zum Himmel erhoben. Der Zeigefinger der linken Hand weist zur Erde und deutet damit an, daß die Aufgabe des vollkommenen Menschen darin besteht, über die materielle Welt zu herrschen. Diese doppelte Geste bringt weiterhin zum Ausdruck, daß der menschliche Willen hier auf Erden den göttlichen Willen widerspiegeln muß, um das Gute hervorzubringen und das Böse zu verhindern. Vor dem Magier, auf einem kubischen Stein, befinden sich ein Kelch, ein Schwert und Sekel, Goldmünzen, in die in der Mitte ein Kreuz eingeprägt ist. Der Kelch steht für die Mischung aus den Leidenschaften, die zu unserem Glück oder Unglück beitragen — je nachdem, ob wir ihr Herr oder ihr Sklave sind. Das Schwert versinnbildlicht die Arbeit, den Kampf, der die Hindernisse überwindet, und die Prüfungen, die uns der Schmerz durchmachen läßt. Die Sekel, Zeichen für einen festgelegten Wert, stellen die realisierten Bestrebungen und Ziele, die vollbrachten Werke dar. Sie sind die Summe der durch Ausdauer und Willensanstrengung erworbenen Macht. Das Kreuz, Siegel der Unendlichkeit, mit dem das Geldstück gekennzeichnet ist, ist Ausdruck für den künftigen Aufstieg dieser Macht in höhere Sphären.

Besinne dich darauf, Kind der Erde, daß der Mensch, wie Gott, unaufhörlich handeln muß. Nichts wollen, nichts tun ist nicht weniger verhängnisvoll, als Böses zu wollen und zu tun. Wenn der Magier unter den Schicksalszeichen deines Horoskops erscheint, so kündigt er an, daß ein fester Willen und der Glauben an dich selbst, geleitet von der Vernunft und Gerechtigkeitsliebe, dich zu dem Ziel führen, das du erreichen willst, und dich vor den Gefahren des Weges bewahren werden.

Arkanum II

B = 2 ist in der *göttlichen Welt* Ausdruck für das Bewußtsein des Absoluten Wesens, das die drei zeitlichen Festsetzungen aller Erscheinungsformen einschließt: Vergangenheit, Gegenwart, Zukunft. — In der *geistigen Welt* das binäre Prinzip, Spiegelbild der Einheit; das Wissen, die Wahrnehmung der sichtbaren und der unsichtbaren Dinge. — In der *physischen Welt* die Frau als Modell des Mannes, die sich mit ihm vereinigt, um die gleiche Bestimmung zu erfüllen.

Das Arkanum II wird durch eine Frau dargestellt, die auf der Schwelle zum Tempel der Isis zwischen zwei Säulen sitzt. Die Säule, die sich rechts von ihr erhebt, ist rot; diese Farbe bezeichnet den reinen Geist und seinen erleuchteten Aufstieg über die Materie hinaus. Die linke Säule ist schwarz; sie bildet die Nacht des Chaos ab, die Gefangenschaft des unreinen Geistes in den Fesseln der Materie. Die Frau ist mit einer Tiara gekrönt, die von der Mondsichel überragt wird, und von einem Schleier eingehüllt, dessen Falten über ihr Gesicht fallen. Auf der Brust trägt sie ein Sonnenkreuz und auf ihren Knien ein geöffnetes Buch, das halb unter ihrem Gewand erkennbar ist. Diese gesamte Symbolik personifiziert die Geheimwissenschaft, die den Eingeweihten an der Schwelle zum Heiligtum der Isis erwartet, um ihm die Geheimnisse der Universellen Natur mitzuteilen. Das Sonnenkreuz (eine Analogie des indischen *Lingam**) bezeichnet die Befruchtung der Materie durch den Geist; als Siegel der Unendlichkeit ist es auch ein

---

* Der *Lingam* ist die symbolische Darstellung für die Vereinigung der beiden Geschlechter. Im heiligen Altertum war mit der Betrachtung der Geschlechtsorgane kein Gedanke der Scham verbunden. Die Monumente des Mithras-Kultes bei den Persern können als Beweis dafür gelten. Durch den Niedergang der Sitten wurden diese Symbole später in die geheimen Heiligtümer der Einweihung verbannt — doch sind die Sitten dadurch nicht besser geworden.

Ausdruck dafür, daß das Wissen aus Gott hervorgeht und daß es ebenso wie seine Quelle grenzenlos ist. Der Schleier, der die Tiara umhüllt und über das Gesicht fällt, zeigt an, daß sich die Wahrheit vor den Blicken einer weltlichen Neugier verbirgt.

Das halb unter dem Gewand versteckte Buch bedeutet, daß sich die Geheimnisse nur in der Abgeschiedenheit dem Weisen enthüllen, der sich schweigend in völliger Selbstbeherrschung sammelt.

Besinne dich darauf, Kind der Erde, daß sich der Geist dann erhellt, wenn du Gott mit den Augen des Willens suchst. Gott sprach: »Es werde Licht!« und das Licht hat die Weite des Raums durchflutet. Der Mensch muß sagen: »Die Wahrheit zeige sich, und das Gute widerfahre mir!« Wenn der Mensch einen gesunden Willen besitzt, dann wird er die Wahrheit aufleuchten sehen und, von ihr gelenkt, alles Gute erreichen, wonach er strebt. Wenn das zweite Arkanum in deinem Horoskop erscheint, dann klopfe entschlossen an die Pforte der Zukunft, und es wird dir geöffnet; doch prüfe lange den Weg, wo du eintreten wirst. Wende dein Gesicht der Sonne der Gerechtigkeit zu, und das wahre Wissen wird dir gegeben. Bewahre Schweigen über deine Pläne, damit du sie nicht dem Widerspruch der Menschen aussetzt.

2

B Français
ג Hébreu
ब Sanscrit
4 ⛿ Egyptien
⊖ Archéomètre Saint-Yves

Lettre double
☾ La Lune

LA PAPESSE

La Substance Divine
L'Air
La Femme . La Mère

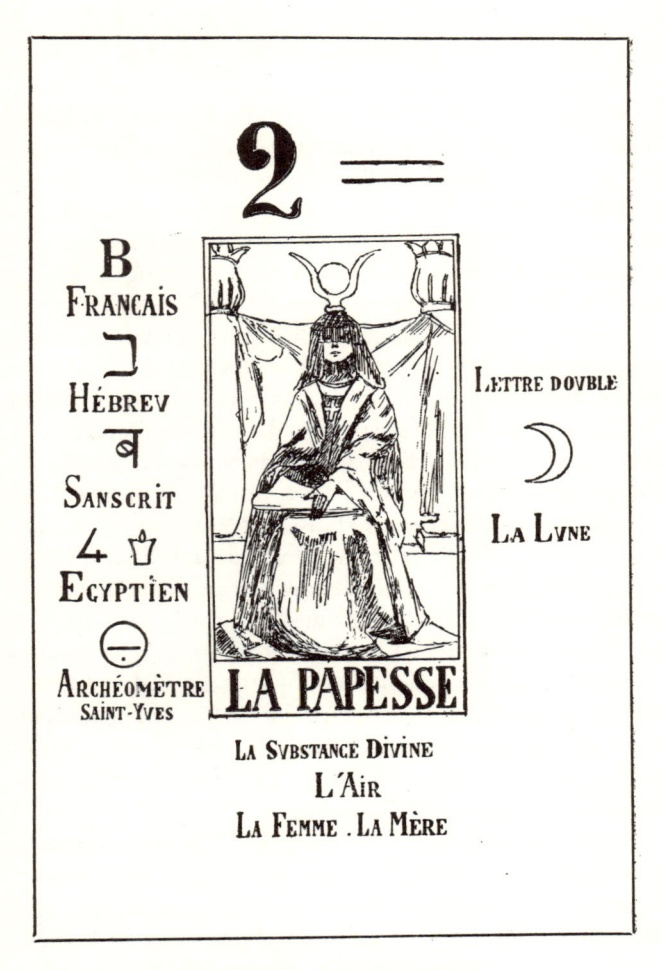

DIE HOHEPRIESTERIN

Göttliche Substanz
Die Luft
Die Frau. Die Mutter

Arkanum III

G = 3 ist in der *göttlichen Welt* Ausdruck für die Höchste Kraft, die durch die unaufhörlich aktive Intelligenz und die absolute Weisheit im Gleichgewicht gehalten wird. — In der *geistigen Welt* die universelle Fruchtbarkeit des Seins. — In der *physischen Welt* die Natur am Werk, sozusagen »in den Wehen«, das Keimen der Handlungen, die aus dem Willen hervorgehen müssen.

Arkanum III wird durch das Bild einer Frau dargestellt, die inmitten einer strahlenden Sonne sitzt. Sie ist von zwölf Sternen gekrönt, und ihre Füße ruhen auf dem Mond. Dies ist die Verkörperung der universellen Fruchtbarkeit. Die Sonne ist Sinnbild für die schöpferische Kraft; die gestirnte Krone symbolisiert, durch die Zahl 12, die Anzahl der astrologischen Häuser oder Stationen, die dieses Gestirn, Jahr für Jahr, im Tierkreis durchläuft. Diese Frau, die himmlische Isis oder die Natur, trägt ein Zepter, an dessen oberem Ende sich eine Kugel wölbt: das Zeichen für ihre unaufhörliche Einwirkung auf die bereits geborenen oder noch entstehenden Dinge. In der anderen Hand hält sie einen Adler, Symbol für die Höhen, zu denen sich der Geistesflug erheben kann. — Der Mond unter ihren Füßen stellt die Geringfügigkeit der Materie und ihre Beherrschung durch den Geist dar.

Besinne dich darauf, Kind der Erde: Das zu behaupten, was wahr ist, und das zu wollen, was gerecht ist, bedeutet bereits, es zu erschaffen. Das Gegenteil zu behaupten und zu wollen bedeutet, sich selbst der Zerstörung zu weihen. Wenn sich das dritte Arkanum in den Schicksalszeichen deines Horoskops zeigt, so hast du Aussicht auf den Erfolg deiner Unternehmungen — vorausgesetzt, daß du die befruchtende Aktivität mit geistiger Redlichkeit zu verbinden weißt, die alle Werke gedeihen läßt.

3 △

G Français
ﬞ Hébreu
त Sanscrit
Ⲕ ⌇ Egyptien
ر Archéomètre
Saint-Yves

Lettre double

♀
Vénus

L'IMPÉRATRICE

La Nature Divine
L'Eau · Le Mercure des Sages
La Génération

DIE HERRSCHERIN

Die Göttliche Natur
Das Wasser. Das Quecksilber der Weisen
Die Erzeugung

Arkanum IV

D = 4 ist in der *göttlichen Welt* Ausdruck für die unaufhörliche und hierarchische Realisation der Wirkungsmöglichkeiten, die in dem Absoluten Wesen inbegriffen sind. — In der *geistigen Welt* die Realisation der Ideen des kontingenten Wesens durch die vierfache Arbeit des Geistes: Bestätigung, Verneinung, Auseinandersetzung, Lösung. — In der *physischen Welt* die Realisation der Handlungen, die von der Erkenntnis der Wahrheit, der Gerechtigkeitsliebe, der Willenskraft und der Organtätigkeit gelenkt werden.

Arkanum IV ist dargestellt durch einen Mann mit einem gezackten Helm, der gegen einen kubischen Stein lehnt. In seiner rechten Hand hält er ein Zepter. Sein rechtes Bein ist angewinkelt und in Form eines Kreuzes auf das andere Bein gestützt. Der kubische Stein, Abbildung eines vollkommenen festen Körpers, bedeutet das vollendete menschliche Werk. Der gezackte Helm ist das Sinnbild der Stärke, die sich die Macht erobert hat. Dieser Herrscher besitzt das Zepter der Isis, und der Stein, der ihm als Thron dient, steht für gebändigte Materie. Das durch seine Beinstellung beschriebene Kreuz versinnbildlicht die vier Elemente und die Ausdehnung der menschlichen Kraft in alle Richtungen. Besinne dich darauf, Kind der Erde, daß nichts einem entschlossenen Willen widersteht, dessen Antriebskraft die Erkenntnis des Wahren und Gerechten ist. Der Kampf dafür, diese Realisation zu sichern, ist mehr als ein Recht — es ist eine Pflicht. Der Mensch, der in diesem Kampf siegt, erfüllt nur seine irdische Aufgabe; wer sich ihm hingibt und darin umkommt, erlangt die Unsterblichkeit. Wenn das vierte Arkanum in deinem Horoskop auftaucht, so bedeutet dies, daß die Verwirklichung deiner Hoffnungen von einem machtvolleren Wesen als dir selbst abhängen wird: Suche es kennenzulernen, dann wirst du seine Unterstützung bekommen.

DER HERRSCHER

Die Gestalt
Das Feuer. Das »Kreuz der Weisen«
Der Schutz

Arkanum V

E = 5 ist in der *göttlichen Welt* Ausdruck für das universelle Gesetz, das die unendlichen Manifestationen des Seins in der Einheit ihrer Substanz reguliert. — In der *geistigen Welt* die Religion, die Beziehung zwischen dem Absoluten und dem relativen Wesen, zwischen Unendlichkeit und Endlichem. — In der *physischen Welt* die durch die Schwingungen des astralen Fluidums vermittelte Inspiration; die Prüfung des Menschen durch seine Handlungsfreiheit in dem unübertretbaren Kreis des universellen Gesetzes.

Arkanum V ist dargestellt durch den Hierophanten oder Hohepriester, den Meister der heiligen Mysterien. Dieser Fürst der Geheimlehre sitzt zwischen den beiden Säulen des Heiligtums. Er stützt sich auf ein Kreuz mit drei Querbalken. Zu seinen Füßen haben sich zwei Menschen niedergeworfen. Der Hohepriester, höchstes Organ der heiligen Weisheit, verkörpert den Genius der positiven Inspiration des Geistes und des Gewissens. Die rechte Säule symbolisiert das göttliche Gesetz, die linke die Freiheit, zu gehorchen oder den Gehorsam zu verweigern. Das Kreuz mit den drei Querbalken ist das Sinnbild Gottes, der die drei Welten durchdringt, um darin alle Manifestationen des universellen Lebens zur Blüte zu bringen. Die beiden Gestalten, die sich vor ihm niedergeworfen haben, stellen den Genius des Lichtes und den Genius der Finsternis dar, die beide dem Herrn der Arkana gehorchen.

Besinne dich darauf, Kind der Erde: Bevor man von einem Menschen behauptet, daß er glücklich oder unglücklich sei, muß man wissen, welchen Gebrauch er von seinem Willen gemacht hat, denn jeder Mensch gestaltet sein Leben nach dem Bild seiner Werke. Der Geist des Guten ist zu deiner Rechten, der Geist des Bösen zu deiner Linken. Ihre Stimme wird nur von deinem Gewissen vernommen: Sammle dich, und sie wird dir antworten.

5 ✡

E — Français
ה — Hébreu
ह — Sanscrit
ᐯ Ɵ — Egyptien
♈ — Archéomètre Saint-Yves

♈ Le Bélier
20 Mars

LE PAPE

Le Magnétisme Vniversel (Science du Bien & du Mal)
La Qvinte-Essence
La Religion

DER HOHEPRIESTER

Der universelle Magnetismus
(Die Erkenntnis von Gut und Böse)
Die Quint-Essenz
Die Religion

153

Arkanum VI

UV = 6 ist in der *göttlichen Welt* Ausdruck für die Erkenntnis von Gut und Böse. — In der *geistigen Welt* das Gleichgewicht zwischen Notwendigkeit und Freiheit. — In der *physischen Welt* der Widerstreit der natürlichen Kräfte, die Verknüpfung zwischen Ursachen und Wirkungen.

Arkanum VI wird durch einen Mann dargestellt, der an der Kreuzung von zwei Wegen steht. Sein Blick ist auf die Erde geheftet, seine Arme sind über der Brust gekreuzt. Zwei Frauen, eine rechts und eine links, haben ihm eine Hand auf die Schulter gelegt und weisen ihm mit der anderen einen der beiden Wege. Die Frau auf der rechten Seite trägt einen Goldreif um die Stirn: Sie verkörpert die Tugend. Die Frau auf der linken Seite trägt einen Kranz aus Weinlaub: Sie stellt die Versuchung des Lasters dar. Oberhalb und im Hintergrund dieser Gruppe spannt der Genius der Gerechtigkeit, der in einer strahlenden Aureole schwebt, seinen Bogen und richtet den Pfeil der Bestrafung gegen das Laster. Die gesamte Szenerie drückt den Kampf zwischen den Leidenschaften und dem Gewissen aus.

Besinne dich darauf, Kind der Erde, daß für die Durchschnittsmenschen die Anziehung des Lasters höheres Ansehen als die strenge Schönheit der Tugend besitzt. Wenn das sechste Arkanum in deinem Horoskop erscheint, so gib auf deine Entschlüsse acht. Hindernisse versperren dir den Weg zum Glück, den du suchst; widersprüchliche Möglichkeiten schweben über dir, und dein Willen schwankt zwischen entgegengesetzten Seiten hin und her. Die Unschlüssigkeit ist auf jeden Fall verhängnisvoller als eine schlechte Wahl. Geh voran oder weiche zurück, doch zögere nicht und wisse, daß eine Blumenkette schwieriger als eine Eisenkette zu durchbrechen ist.

DER LIEBENDE

Die Schöpfung
Der universelle Gott
(Medium der Kräfte)
Die Freiheit

Arkanum VII

Z = 7 ist in der *göttlichen Welt* Ausdruck für die Siebenheit, die Herrschaft des Geistes über die Natur. — In der *geistigen Welt* das Priestertum und die Herrschaft. — In der *physischen Welt* die Unterwerferung der Elemente und Kräfte der Materie unter die Intelligenz und die Arbeit des Menschen.

Arkanum VII wird dargestellt durch einen viereckigen Kriegswagen, der von einem gestirnten Baldachin, der auf vier Säulen ruht, überdacht wird. Auf dem Wagen kommt ein Sieger in einer Rüstung gefahren, der Zepter und Schwert trägt. Er ist mit einem Goldreifen gekrönt, der mit drei Pentagrammen oder fünfeckigen Goldsternen verziert ist. Der viereckige Wagen steht symbolisch für das durch den Willen vollendete Werk, das die Hindernisse überwunden hat. Die vier Säulen des sternenübersäten Thronhimmels stellen die vier Elemente dar, die dem Meister von Zepter und Schwert unterworfen sind. Auf der quadratischen Vorderansicht des Wagens ist eine von zwei ausgebreiteten Flügeln gehaltene Kugel dargestellt: Zeichen für die unbegrenzte Erhöhung der menschlichen Kraft in der Unendlichkeit von Raum und Zeit. Die Goldkrone des Siegers bedeutet den Besitz des geistigen Lichts, das alle Schicksals-Arkana erhellt. Die drei sie verzierenden Sterne symbolisieren die durch Intelligenz und Weisheit ausgewogene Kraft. Drei in der Rüstung eingeprägte rechte Winkel bedeuten die Richtigkeit des Urteils, des Willens und des Handels; daraus erwächst die Stärke, wofür die Rüstung das Sinnbild ist. Das erhobene Schwert ist das Zeichen für den Sieg. Zwei Sphinxe, die eine weiß, die andere schwarz, sind vor den Wagen gespannt. Die weiße steht symbolisch für das Gute, das erobert, die schwarze für das Böse, das besiegt wurde. Beide sind zu Dienerinnen des Magiers geworden, der die Prüfungen bestanden hat.

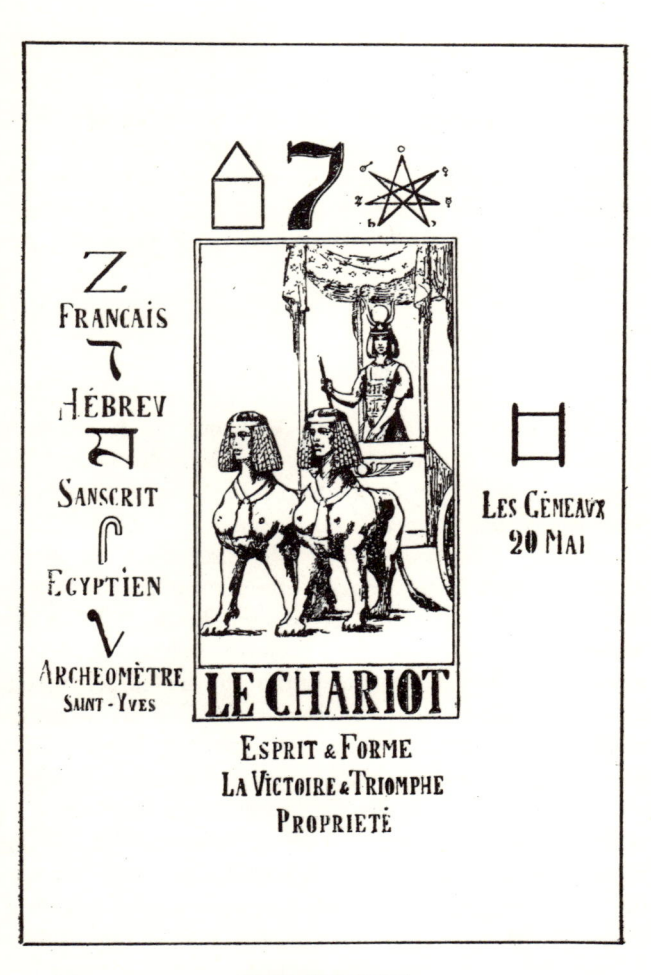

Français Z
Hébreu ז
Sanscrit
Égyptien
Archéomètre
Saint-Yves

LE CHARIOT

Les Gémeaux
20 Mai

Esprit & Forme
La Victoire & Triomphe
Propriété

DER WAGEN

Geist & Form
Sieg & Triumph
Eigentum

Besinne dich darauf, Kind der Erde, daß die Herrschaft der Welt denjenigen zusteht, die geistige Souveränität besitzen, das heißt, das Licht, das die Geheimnisse der Welt erhellt. Indem du die Hindernisse zerbrichst, wirst du deine Feinde vernichten, und alle deine Wünsche werden sich erfüllen, wenn du an die Zukunft mit einer Kühnheit herangehst, die mit dem Bewußtsein deines Rechtes gewappnet ist.

Arkanum VIII

H = 8 ist in der *göttlichen Welt* Ausdruck für die absolute Gerechtigkeit. — In der *geistigen Welt* Anziehung und Abstoßung. — In der *physischen Welt* die relative, fehlbare und begrenzte Gerechtigkeit der Menschen.

Arkanum VIII wird dargestellt durch eine auf ihrem Thron sitzende Frau. Sie trägt eine Krone, die mit Speerspitzen versehen ist. In der rechten Hand hält sie ein Schwert mit nach oben gerichteter Spitze, in der linken eine Waage. Dies ist das alte Symbol für die Gerechtigkeit, das die Handlungen abwägt und dem Übel als Gegengewicht das Schwert der Sühne entgegensetzt. Die aus Gott hervorgegangene Gerechtigkeit ist die Ausgleich schaffende Reaktion, welche die Ordnung wiederherstellt, das heißt, das Gleichgewicht zwischen Recht und Pflicht. Das Schwert ist hier ein Zeichen des Schutzes für die Guten und der Drohung gegen die Bösen. Die Augen der Gerechtigkeit sind verbunden, was anzeigt, daß sie die Waage und das Schwert benutzt, ohne den herkömmlichen Unterschieden zwischen den Menschen Rechnung zu tragen.

Besinne dich darauf, Kind der Erde, daß nur ein Teil der menschlichen Aufgabe darin besteht, den Sieg zu erringen und Herr der überwundenen Hindernisse zu sein. Um sie zu erfüllen, muß man das Gleichgewicht zwischen den

DIE GERECHTIGKEIT

Universelles Gleichgewicht
Verteilung
Gerechtigkeit

Kräften herstellen, die man aufs Spiel setzt. Da jede Handlung eine Reaktion hervorruft, muß der Wille den Zusammenprall von Gegenkräften voraussehen, um ihn zu mildern und auszuschalten. Jede zukünftige Tat ist ein Balanceakt zwischen Gut und Böse. Jede Intelligenz, die sich nicht die Waage halten kann, gleicht einer mißgeborenen Sonne.

Arkanum IX

TH. = 9 ist in der *göttlichen Welt* Ausdruck der absoluten Weisheit. — In der *geistigen Welt* die Klugheit, die den Willen lenkt. — In der *physischen Welt* die Vorsicht als Wegweiserin der Handlungen.

Arkanum IX wird dargestellt durch einen alten Mann, der auf einen Stock gestützt einherschreitet. Vor sich trägt er eine entzündete Lampe, die er halb unter seinem Mantel verborgen hält. Dieser Greis verkörpert die in der Arbeit des Lebens erworbene Erfahrung. Die entzündete Lampe bedeutet das Licht der Intelligenz, das sich auf Vergangenheit, Gegenwart und Zukunft ausdehnen muß. Der Mantel, der sie halb verbirgt, steht für Verschwiegenheit. Der Stock versinnbildlicht die Unterstützung, die der Mensch durch die Klugheit erhält, wenn er seine Gedanken nicht preisgibt.

Besinne dich darauf, Kind der Erde, daß die Klugheit die Rüstung des Weisen ist. Die Vorsicht läßt ihn Klippen oder Abgründe vermeiden und Verrat voraussahnen. Wähle sie als Führerin in all deinen Handlungen, selbst in den allerkleinsten Dingen. Nichts ist hier auf Erden nebensächlich: Ein Kiesel kann den Wagen eines Herrn der Welt in Bewegung setzen. Denke daran, Reden ist Silber, Schweigen ist Gold.

DER EREMIT

Die Schutzgeister
Die Einweihung
Die Vorsicht

Arkanum X

I. J. Y = 10 ist in der *göttlichen Welt* Ausdruck für das aktive Prinzip, das alle Wesen belebt. — In der *geistigen Welt* die herrschende Autorität. — In der *physischen Welt* Glück oder Unglück, das gute oder schlechte Geschick.

Arkanum X wird dargestellt durch ein Rad auf seiner Achse. Auf der rechten Seite bemüht sich *Hermanubis*, der Genius des Guten, zum höchsten Punkt des Kreises aufzusteigen, während *Typhon*, Genius des Bösen, auf der linken Seite absteigt. Die Sphinx, oben auf dem Rad im Gleichgewicht, hält ein Schwert in ihren Löwenklauen. Sie verkörpert das Schicksal, das stets auf dem Sprung ist, nach rechts oder links einen Schlag auszuführen. Je nachdem, wie sich das Rad unter ihrem Anstoß dreht, läßt sie die Bescheidensten aufsteigen und die Hochmütigsten zurückstürzen.

Besinne dich darauf, Kind der Erde, daß man wollen muß, um zu können; daß man etwas wagen muß, um wirksam zu wollen; und daß man, um etwas mit Erfolg zu wagen, bis zum Augenblick des Handelns zu schweigen wissen muß. Um sich das Recht zu erwerben, Wissen und Macht zu besitzen, muß man geduldig, mit unermüdlicher Ausdauer, wollen. Und um sich auf den Höhen des Lebens zu behaupten, wenn es dir gelingt, diese zu erreichen, mußt du gelernt haben, mit einem schwindelfreien Blick die größten Tiefen zu durchmessen.

10

I Y
Français

ל
Hébreu

च
Sanscrit

☉ ☊☊
Egyptien

ᘁ
Archéomètre
Saint-Yves

♍
La Vierge
20 Août

LA ROVE DE FORTVNE

Le Royavme de Dieu
• L'Ordre
La Fortvne

DAS RAD DES SCHICKSALS

Das Reich Gottes
Die Ordnung
Das Schicksal

Arkanum XI

C.K = 20 ist in der *göttlichen Welt* Ausdruck für das Prinzip jeder Kraft, spirituell wie materiell. — In der *geistigen Welt* die moralische Kraft. — In der *physischen Welt* die organische Kraft.

Arkanum XI wird abgebildet durch die Darstellung eines jungen Mädchens, das mit ihren Händen mühelos das Maul eines Löwen schließt. Dies ist das Sinnbild für die Kraft, die der Glaube an sich selbst und die Unschuld des Lebens verleihen.

Besinne dich darauf, Kind der Erde, daß man, um etwas zu können, daran glauben muß, daß man es kann. Gehe voller Vertrauen weiter: Das Hindernis ist nur ein Trugbild. Um stark zu werden, muß man den Schwächen des Herzens Schweigen gebieten. Man muß seine Pflicht lernen, die der Maßstab des Rechten ist, und Gerechtigkeit üben, so als würde man sie lieben.

11

FRANCAIS C

HEBREV כ

SANSCRIT ऊ

ARCHEOMETRE SAINT-YVES ও

LA FORCE

MARS

La Force Divine
La Force Morale
La Force Humaine

DIE KRAFT

Die göttliche Kraft
Die moralische Kraft
Die menschliche Kraft

Arkanum XII

L = 30 ist in der *göttlichen Welt* Ausdruck für das offenbarte Gesetz. — In der *geistigen Welt* die Lehre der Pflicht. — In der *physischen Welt* das Opfer.

Arkanum XII wird durch einen Mann dargestellt, der an einem Fuß an einem Galgen aufgehängt ist. Dieser ruht auf zwei Baumstämmen, von denen jeweils sechs Äste abgehauen sind. Die Hände dieses Mannes sind hinter seinem Rücken zusammengebunden. Durch die Armbeugung wird die Grundlinie eines umgekehrten Dreiecks gebildet, dessen Spitze sein Kopf ist. Dies ist das Zeichen für einen gewaltsamen Tod, erlitten durch einen verhängnisvollen Unfall; oder durch die Sühnung eines Verbrechens; oder als heroische Selbstaufopferung für die Wahrheit und Gerechtigkeit auf sich genommen. Die zwölf abgehauenen Äste stehen für die Auslöschung des Lebens, die Zerstörung der zwölf Häuser des Horoskops. Das Dreieck mit der umgekehrten Spitze versinnbildlicht eine Katastrophe.

Besinne dich darauf, Kind der Erde, daß die Selbstaufopferung ein göttliches Gesetz ist, von dem keiner verschont bleibt; doch erwarte kaum mehr als Undankbarkeit von seiten der Menschen. Halte deine Seele daher stets dafür bereit, dem Ewigen Rechenschaft abzulegen, denn wenn das zwölfte Arkanum in deinem Horoskop erscheint, wird ein gewaltsamer Tod seine Fallen auf deinem Weg errichten. Doch wenn die Welt dir nach deinem irdischen Leben trachtet, so stirb nicht, ohne diesen göttlichen Urteilsspruch ergeben anzunehmen und ohne deinen grausamsten Feinden zu verzeihen. Denn wer hier auf Erden nicht vergibt, wird im Jenseits zu ewiger Einsamkeit verurteilt werden.

DER GEHÄNGTE

Die Erfüllung
Das moralische Opfer
Das physische Opfer

Arkanum XIII

M = 40 ist in der *geistigen Welt* Ausdruck für die unaufhörliche Bewegung von Schöpfung, Zerstörung und Erneuerung. — In der *geistigen Welt* der Aufstieg des Geistes in göttliche Sphären. — In der *physischen Welt* der natürliche Tod, das heißt, die Transformation der menschlichen Natur, die an den Endpunkt ihrer letzten organischen Periode gelangt ist.

Arkanum XIII wird dargestellt durch ein Skelett, das auf einer Wiese Köpfe abmäht, aus der in dem Maße, wie die Sense ihr Werk fortsetzt, überall Hände und Füße von Menschen hervorkommen. Dies ist das Sinnbild für die Zerstörung und die ununterbrochene Wiedergeburt aller Seinsformen im Bereich der Zeit.

Besinne dich darauf, Kind der Erde, daß die irdischen Dinge nur von kurzer Dauer sind und daß die höchsten Mächte wie das Gras auf den Feldern abgemäht werden. Die Auflösung deiner sichtbaren Organe wird früher eintreten, als du es erwartest; doch fürchte sie nicht, denn der Tod ist nur die Geburt eines anderen Lebens. Das Universum saugt unaufhörlich alles wieder auf, was, aus seinem Schoß hervorgegangen, nicht zu Geist geworden ist. Doch die Befreiung von den materiellen Trieben durch ein freiwilliges Einverständnis unserer Seele mit den Gesetzen der universellen Bewegung begründet in uns die Erschaffung eines zweiten Menschen, des himmlischen Menschen, und läßt unsere Unsterblichkeit beginnen.

13

M Francais	
ם Hebreu	
ञ Sanscrit	LETTRE MÈRE
ꝉ Egyptien	
Archeometre de Saint Yves	

LA MORT

L'IMMORTALITÉ par CHANGEMENT
LA MORT et la RENAISSANCE
LA TRANSMUTATION des FORCES

DER TOD

Die Unsterblichkeit durch Veränderung
Der Tod und die Wiedergeburt
Die Umwandlung der Kräfte

Arkanum XIV

N = 50 ist in der *göttlichen Welt* Ausdruck der unaufhörlichen Bewegung des Lebens. — In der *geistigen Welt* die Verbindung der Ideen, die das sittliche Leben begründen. — In der *physischen Welt* die Verbindung der Naturkräfte.

Arkanum XIV wird dargestellt durch den Genius der Sonne, der zwei Urnen hält und den leitenden Lebenssaft von der einen in die andere gießt. Dies ist das Symbol für die Verbindungen, die sich in allen Reichen der Natur unaufhörlich vollziehen.

Kind der Erde, befrage deine Kräfte, nicht, um vor deinen Werken zurückzuschrecken, sondern um deine Hindernisse abzutragen, so wie das Wasser, das Tropfen für Tropfen herabfällt, den härtesten Stein aushöhlt.

14

FRANCAIS
HEBREV
SANSCRIT
ECYPTIEN
ARCHÉOMÈTRE SAINT YVES

LE SCORPION
20 Octobre

LA TEMPERANCE

REVERSIBILITÉ
L'HARMONIE DES MIXTES
LA TEMPÉRANCE

DIE MÄSSIGUNG

Umkehrbarkeit
Die Harmonie der Mischungen
Die Mäßigung

Arkanum XV

X = 60 ist in der *göttlichen Welt* Ausdruck der Vorherbestimmung. — In der *geistigen Welt* das Mysterium. — In der *physischen Welt* das Unvorhergesehene, die Schicksalhaftigkeit.

Arkanum XV wird dargestellt durch den Typhon, Genius der Katastrophen. Er erhebt sich über einem glühenden Abgrund. Zu seinen Füßen stehen zwei aneinander gefesselte Menschen. Dies ist das Bild des schicksalhaften Verhängnisses, das manches Leben wie ein Vulkanausbruch trifft und die Großen wie die Kleinen, die Starken wie die Schwachen, die Klügsten wie die Törichsten in das gleiche Unheil einschließt.

Wer du auch sein magst, Kind der Erde, betrachte die alten Eichen, die dem Blitz trotzten, und die der Blitz zerborsten hat, nachdem er sie länger als hundert Jahre verschonte. Hör auf, an deine Klugheit und deine Stärke zu glauben, wenn Gott es dir nicht erlaubt hat, den Schlüssel zu den Arkana zu ergreifen, die das Schicksal binden.

15

Français: S

Hebrew: ס

Sanscrit: व

Archéomètre Saint Yves

→ Le Sagittaire
20 Novembre

LE DIABLE

Le Destin
Le Serpent Magique (Agent magique)
La Vie Physique

DER TEUFEL

Das Verhängnis
Die magische Schlange
(Die magische Triebkraft)
Das physische Leben

Arkanum XVI

0 = 70 ist in der *göttlichen Welt* Ausdruck für die Bestrafung des Stolzes. — In der *geistigen Welt* die Ohnmacht des Geistes, der versucht, in das Geheimnis Gottes einzudringen. — In der *physischen Welt* der Zusammenbruch des Glücks.

Arkanum XVI wird dargestellt durch einen Turm, in den der Blitz einschlägt. Ein gekrönter und ein ungekrönter Mensch stürzen mit den Mauerbrocken aus seiner Höhe herab. Dies ist das Symbol für den Konflikt der materiellen Kräfte, welche die Großen wie die Kleinen, die Könige wie die Untertanen zermalmen können. Es ist auch das Sinnbild für Rivalitäten, die für beide Seiten nur zu einem allgemeinen Zusammenbruch führen; für unfruchtbare Pläne, verkümmerte Hoffnungen, gescheiterte Unternehmungen, zunichte gewordene Bestrebungen, Tod durch Katastrophe.

Besinne dich darauf, Kind der Erde, daß jede Prüfung durch Unglück, die mit Ergebung in den höchsten Willen des Allmächtigen angenommen wird, ein vollendeter Fortschritt ist, für den du ewig belohnt werden wirst. Leiden, das heißt arbeiten, um sich von der Materie zu befreien, das heißt, Unsterblichkeit zu erlangen.

DAS HAUS GOTTES

Zerstörung durch Gegensatz
Zerbrochenes materielles Gleichgewicht
Untergang. Katastrophe

Arkanum XVII

F.P = 80 ist in der *göttlichen Welt* Ausdruck der Unsterblichkeit. — In der *geistigen Welt* das innere Licht, das den Geist erhellt. — In der *physischen Welt* die Hoffnung.

Arkanum XVII wird dargestellt von einem flammenden Stern mit acht Strahlen, der von sieben anderen Sternen umgeben wird. Alle Sterne schweben über einem nackten jungen Mädchen, das aus zwei Krügen die Fluida des universellen Lebens auf die trockene Erde gießt. Der eine Krug ist aus Gold, der andere aus Silber. Neben ihr hat sich ein Schmetterling auf einer Rose niedergelassen. Dieses junge Mädchen steht als Sinnbild für die Hoffnung, die ihren Tau über unsere trostlosesten Tage breitet. Sie ist unbekleidet, um anzuzeigen, daß uns die Hoffnung bleibt, wenn wir von allem beraubt sind. Oberhalb dieser Gestalt symbolisiert der flammende Stern mit acht Strahlen die Apokalypse des Schicksals, mit sieben Siegeln — den sieben Planeten — verschlossen, die durch die anderen sieben Sterne dargestellt sind. Der Schmetterling ist das Zeichen für die Auferstehung vom Tode.

Besinne dich darauf, Kind der Erde, daß die Hoffnung die Schwester des Glaubens ist. Befreie dich von deinen Leidenschaften und Fehlern, um die Geheimnisse des wahren Wissens zu erforschen, und ihr Schlüssel wird dir gegeben. Dann wird ein Strahl des göttlichen Lichtes aus dem verborgenen Heiligtum hervorblitzen, um das Dunkel über deiner Zukunft zu zerstreuen und dir den Weg des Glücks zu zeigen. Was auch immer dir in deinem Leben zustoßen mag, brich daher niemals die Blumen der Hoffnung, und du wirst die Früchte des Glaubens pflücken.

17

Ph.
FRANCAIS

HEBREV

SANSCRIT

EGYPTIEN

ARCHEOMETRE
SAINT YVES

MERCVRE

L'ETOILE
LES FORCES DIVINES NATVRELLES
LA NATVRE
FECONDITE

DER STERN

Die göttlichen Naturkräfte
Die Natur
Fruchtbarkeit

Arkanum XVIII

T.S = 90 ist in der *göttlichen Welt* Ausdruck für die unermeßlichen Abgründe des Unendlichen. — In der *geistigen Welt* die Dunkelheit, die den Geist einhüllt, wenn er sich der Herrschaft der Triebe unterwirft. — In der *physischen Welt* die Täuschungen und die verborgenen Feinde.

Arkanum XVIII wird dargestellt von einem Feld, das der halb verdeckte Mond mit einem schwachen Dämmerlicht erhellt. Auf jeder Seite eines Weges, der sich am einsamen Horizont verliert, erhebt sich ein Turm. Vor dem einen Turm kauert ein Wolf, vor dem anderen bellt ein Hund den Mond an. Zwischen diesen beiden Tieren kriecht ein Krebs aus dem Wasser. Die Türme symbolisieren die falsche Sicherheit, die sich nicht von den verborgenen Gefahren bedrängt fühlt, obwohl diese noch mehr als die erkannten Gefahren zu fürchten sind.

Besinne dich darauf, Kind der Erde, daß, wer auch immer dem Unbekannten trotzt, seinem Verderben nahekommt. Die feindlichen Geister, durch den Wolf dargestellt, umgeben ihn mit ihren Fallen. Die unterwürfigen Geister, durch den Hund dargestellt, verbergen ihren Verrat unter gemeinen Schmeicheleien. Die trägen Geister schließlich, dargestellt durch den Krebs, werden an ihm vorbeikriechen, ohne von seinem Untergang bewegt zu sein. Beobachte, hör zu, und wisse zu schweigen.

18

Ts FRANCAIS
HÉBREU
SANSCRIT
EGYPTIEN
ARCHÉOMÈTRE SAINT-YVES

LE VERSEAU
20 JANVIER

LA LVNE

DISTRIBVTION HIERARCHIQVE (Lumière)
LES FORCES OCCVLTES
LES ENNEMIS CACHÉS

DER MOND

Hierarchische Verteilung (Licht)
Die geheimen Kräfte
Die verborgenen Feinde

Arkanum XIX

Q = 100 ist in der *göttlichen Welt* Ausdruck für den vollkommenen Himmel. — In der *geistigen Welt* die heilige Wahrheit. — In der *physischen Welt* der Frieden des Glücks.

Arkanum XIX wird dargestellt durch eine strahlende Sonne. Sie wirft ihr Licht auf zwei Kinder, Sinnbild der Unschuld, die sich inmitten einer blumengeschmückten Ringmauer an den Händen halten. Dies ist das Symbol des Glücks, das die Einfachheit des Lebens und die Mäßigung der Wünsche verheißen.

Besinne dich darauf, Kind der Erde, daß das Licht der Mysterien ein gefährliches Fluidum ist, das die Natur in den Dienst des Willens gestellt hat. Es erleuchtet diejenigen, die es zu lenken wissen, doch es erschlägt jene, die seine Macht nicht kennen oder sie mißbrauchen.

19

K — Francais
ף — Hebreu
क — Sanscrit
⟨◯ — Egyptien
X — Archéomètre Saint Yves

Les Poissons
20 Fevrier

LE SOLEIL

La Vraie Lumière
L'Or Philosophique
La Vérité Féconde

DIE SONNE

Das wahre Licht
Das Gold der Weisen
Die schöpferische Wahrheit

Arkanum XX

R = 100 stellt den Übergang vom irdischen Leben in das künftige Leben dar. Oberhalb eines Grabes, das halb geöffnet ist, bläst ein Genius oder Engel die Posaune. Ein Mann, eine Frau, ein Kind, Symbol für die menschliche Dreieinigkeit, erheben sich aus ihrer letzten Ruhestätte. Dies ist das Zeichen der Veränderung, das Ende aller Dinge, der guten wie der bösen.

Besinne dich darauf, Kind der Erde, daß alles Glück unbeständig ist, selbst jenes, das ganz dauerhaft erscheint. Die Auferstehung der Seele ist die Frucht, die sie aus ihren fortgesetzten Prüfungen gewinnen muß. Habe Hoffnung im Leiden, doch sei mißtrauisch im Wohlstand. Versinke weder in der Trägheit noch im Vergessen. In einem Augenblick, den du nicht kennst, wird sich das Rad des Schicksals drehen, und du wirst von der Sphinx hochgehoben oder herabgestürzt.

20

Francais. **R**
Hebrev ר
Sanscrit ξ
Archeometre ,
Saint-Yves

ħ
Saturne

LE JUGEMENT

Protection des forces divines
Renaissance morale
Changement sitvation

DAS JÜNGSTE GERICHT

Schutz durch die göttlichen Kräfte
Moralische Wiedergeburt
Veränderung der Situation

Arkanum 0 (21)

S = 300 stellt die Empfindung dar, die auf jeden Irrtum folgt. Du siehst hier einen Blinden, der ein schweres Bündel trägt. Er stößt gegen einen umgestürzten Stein, hinter dem ein Krokodil mit aufgerissenem Maul lauert (in anderen Darstellungen beißt ihm ein Hund ins Bein). Dieser Blinde ist Sinnbild für den Menschen, der sich zum Sklaven der Materie gemacht hat. Sein Bündel ist mit seinen Irrtümern und Fehlern gefüllt. Der umgestürzte Obelisk stellt die Zerstörung seiner Werke dar, und das Krokodil ist das Zeichen des unerbittlichen Schicksal und der unvermeidlichen Sühne.,

0 (ou 21)

Sh
FRANÇAIS

ש
HEBREU

श
SANSCRIT

△
ARCHEOMETRE
SAINT-YVES

LETTRE
MÈRE

LE FOV

RVPTVRE des COMMVNICATIONS DIVINES
AVEVGLEMENT MORAL
LA MATIERE

DER NARR

Abbruch der göttlichen Mitteilungen
Moralische Verblendung
Die Materie

Arkanum XXI (XXII)

Dieses höchste Arkanum der Magischen Kunst wird dargestellt durch einen goldenen Rosenkranz in einem Kreis, der von einem Menschenkopf, einem Stierkopf, einem Löwenkopf und einem Adlerkopf umgeben wird. Dies ist das Zeichen, mit dem sich der Magier schmückt, wenn er den höchsten Einweihungsgrad erreicht hat und dadurch in den Besitz einer Macht versetzt ist, deren Aufstieg keine anderen Grenzen als diejenigen seiner Intelligenz und seiner Weisheit gesetzt sind.

Besinne dich darauf, Kind der Erde, daß die Herrschaft der Welt der Herrschaft des Lichtes zugehörig ist und daß die Herrschaft des Lichtes der Thron ist, den Gott dem geheiligten Willen vorbehalten hat. Das Glück ist für den Magier die Frucht der Erkenntnis des Guten und des Bösen. Doch jene unvergängliche Frucht zu pflücken erlaubt Gott nur dem Menschen, der genügend Herr über sich selbst ist, um sich jener Frucht zu nähern, ohne sie zu begehren.

(21 ou) 22

Französisch: Th
Hebräisch: ת
Sanskrit:
Ägyptisch:
Archeometre Saint Yves:

LE SOLEIL

LE MONDE

L'ABSOLU
RÉALISATION du GRAND OEUVRE
TRIOMPHE CERTAIN

DIE WELT

Das Absolute
Die Realisation des Großen Werkes
Sicherer Triumph

Zusammenfassung

Fassen wir nun die 22 Arkana durch 22 Bezeichnungen zusammen, in denen ihre Symbolik zum Ausdruck kommt:

Das erste heißt *der Magier* und symbolisiert den *Willen.*

Das zweite heißt *die Pforte des geheimen Heiligtums* und symbolisiert die *Erkenntnis*, die den Willen lenken muß.

Das dritte heißt *Isis-Urania* und symbolisiert die *Handlung*, die den mit der Erkenntnis vereinten Willen zum Ausdruck bringen muß.

Das vierte heißt der *der kubische Stein* und symbolisiert die *Verwirklichung* der menschlichen Taten, das vollendete Werk.

Das fünfte heißt *der Meister der Arkana* und symbolisiert die *Inspiration*, die der Mensch von geheimen Mächten empfängt.

Das sechste heißt *die zwei Straßen* und symbolisiert die *Prüfung*, der jeder Willen im Angesicht von Gut und Böse unterworfen ist.

Das siebente heißt *der Wagen des Osiris* und symbolisiert den *Sieg*, das heißt, den Wagen des Guten, die Frucht aus der Wahrheit und Gerechtigkeit.

Das achte heißt *Themis* und symbolisiert das *Gleichgewicht* durch die Analogie mit der Waage, die ein Kennzeichen der Gerechtigkeit ist.

Das neunte heißt *die verhüllte Lampe* und symbolisiert die *Vorsicht*, die das Gleichgewicht aufrechterhält.

Das zehnte heißt *die Sphinx* und symbolisiert das *Schicksal*, Glück oder Unglück, das jedes Leben begleitet.

Das elfte heißt *der gezähmte Löwe* und symbolisiert die *Kraft*, die zu gewinnen jeder Mensch durch die Entwicklung seiner geistigen und moralischen Fähigkeiten aufgerufen ist.

Das zwölfte heißt *das Opfer* und symbolisiert den gewaltsamen *Tod.*

Das dreizehnte heißt *die Sichel* und symbolisiert die Transformation des Menschen, das heißt, seinen Übergang in das künftige Leben durch den natürlichen Tod.

Das vierzehnte heißt *der Genius der Sonne* und symbolisiert die *Initiative* des Menschen durch die Verbindung von Willen, Erkenntnis und Handlung.

Das fünfzehnte heißt *Typhon* und symbolisiert das *schicksalhafte Verhängnis,* das uns mit unvorhergesehenen Schlägen trifft.

Das sechzehnte heißt *der vom Blitz getroffene Turm* und symbolisiert die *Zerstörung* in allen denkbaren Aspekten.

Das siebzehnte heißt *der Stern der Magier* und symbolisiert die *Hoffnung,* die durch den Glauben zum Heil führt.

Das achtzehnte heißt *die Dämmerung* und symbolisiert die *Täuschungen,* die uns unsere Schwäche lehren.

Das neunzehnte heißt *das strahlende Licht* und symbolisiert das irdische *Glück.*

Das zwanzigste heißt *die Auferstehung der Toten* und symbolisiert die *Erneuerung,* die in der Folge von Prüfungen, die jedem Lebenslauf auferlegt werden, Gutes in Böses oder Böses in Gutes verwandelt.

Das einundzwanzigste (0) heißt *das Krokodil* und symbolisiert die *Sühne* für Irrtümer oder vorsätzliche Fehler.

Das zweiundzwanzigste (21.) heißt *die Krone der Magier* und symbolisiert die *Belohnung,* die jedem Menschen zuerkannt wird, der seine Aufgabe auf Erden erfüllt hat und darin einige Züge des göttlichen Bildes widerspiegelt.

SCHLUSSBETRACHTUNG

Das Spiel des Gauklers

Verehrte Meister, alte Eingeweihte Ägyptens, an den Anfang Eures Buches über die Ewige Wissenschaft habt Ihr den Gaukler gesetzt, den Taschenspieler und Spaßmacher, der die Massen unterhält und belustigt.

Ebenso wie man in früheren Zeiten dem Eingeweihten einen Skarabäus aus Erde gab, der, wenn er sich durch eine geheime Vorrichtung öffnete, in Gold und Elfenbein geritzt, die zwölf olympischen Götter zeigte, so präsentiert sich auch das Tarot.

Allen Hochmütigen, allen Schulmeistern, die, weil sie die Lehren der hehren Wissenschaft erforschen, die Lehren des Zufalls verachten, stellt sich der Gaukler vor und sagt:

*Seht her, meine Trinkbecher, in Form des Kelches,
seht meinen Zauberstab, mein Schwert, meine
 Talismane.
Ich unterhalte die Massen, ich belehre die Weisen.
Doch man belehrt nicht, ohne gleichzeitig zu
 unterhalten.*

Bevor ich mich deshalb dem Weg zuwandte, der schon von Guillaume Postel und vor ihm von Raimundus Lullus beschrieben wurde, von dem gelehrten Eliphas Lévi und vor ihm von dem intuitiven Etteilla; bevor ich die Karten des Tarot zum Zweck von philosophischen und religiösen Lehren zusammenstellte, habe ich das Tarot des Gauklers, das Tarot der Kartenlegerin, das wundervolle Tarot des Umgang mit der Hoffnung beschreiben wollen. Alles in der Natur steht in einem Zusammenhang miteinander, und wenn der Gaukler, der das Buch öffnet, von realen magischen Werkzeugen umgeben ist, so bewegt sich die Wahrheit, die jenes Buch schließt, zwischen den vier Symbolen für die auf allen Ebenen wirksamen Lebenskräfte. So ist auch das philosophische Tarot das Endziel und die Ergänzung des Tarot der Weissagung, das den Anfang und die Einführung bildet.

Das ist der Grund, verehrte Meister, weshalb derjenige, dessen Werk aus Euren Lehren hervorgegangen ist, seine bescheidene Arbeit Eurem Gedächtnis widmet und darum bittet, daß Ihr diejenigen segnet, die sie verstehen, und jenen vergebt, die darüber spotten und lachen, weil sie nicht verstehen.

Das Buch des Glücks

Ein praktisches Handbuch zur Ermittlung und Unterstützung der individuellen Lebenschancen

von Papus
in der Edition Tramontane

Papus
Das Buch des Glücks
Ein praktisches Handbuch
zur Ermittlung und Unterstützung
der individuellen Lebenschancen

120 S., brosch. DM 16,-
ISBN 3-925828-13-3

Zweifellos gehört das Glück zu den Dingen im Leben, an deren Existenz jeder glaubt. Hier kann man erfahren, wie die persönlichen Chancen zu ermitteln und zu unterstützen sind und wie ihnen notfalls auch nachzuhelfen ist: mit alten Methoden aus Astrologie und Numerologie, wozu beispielsweise die »Hand der Fatima« und die »Ägyptischen Stunden« gehören, aus Handlesekunst und Graphologie, mit den Einflüssen des Tarot, dem Gebrauch von Talismanen und der Mondmagie.

Diese Geheimnisse und erprobten »Rezepte« aus der okkulten französischen Tradition, als einer deren Meister er gilt, verrät uns Papus in diesem reich illustrierten kleinen Handbuch.